स्वर्ग का मार्ग

(आध्यात्मिक यात्रा का मार्ग)

स्वर्ग का मार्ग

(आध्यात्मिक यात्रा का मार्ग)

स्वर्ग का मार्ग

राज ऋषि शर्मा

राजर्षि प्रकाशन

नागवनी रोड, जम्मू

राजर्षि प्रकाशन

नागवनी रोड, जम्मू

पहला संस्करण, 2024
कीमत: रु.199.00
© कॉपीराइट, 2024, लेखक

राज ऋषि शर्मा

यह पुस्तक समर्पित है उन्हें
जो कभी मेरी रचनाएँ नहीं पढ़ सके !

अनुक्रमणिका

1. प्रथम परिचय
2. प्रस्तावना
3. स्वर्ग
4. स्वर्ग का मार्ग
5. स्वर्ग के मार्ग की चाहत
6. स्वर्ग यात्रा का मर्मज्ञान
7. स्वर्ग के मार्ग का स्थानीय महत्व
8. स्वर्ग के मार्ग के उच्च स्तर
9. स्वर्ग का मार्ग और धर्म
10. स्वर्ग के मार्ग की पूर्णता
11. स्वर्ग का मार्ग और व्यक्तिगत विकास
12. सुखी जीवन का अनुभव
13. स्वर्ग और परिवार
14. स्वर्ग और समाज
15. आध्यात्मिक साहित्य
16. प्रशासन तथा प्रबंधन
17. स्वर्ग के मार्ग का महत्व
18. स्वर्ग के मार्ग का सुखी अंत
19. आत्मा का परिप्रेक्ष्य
20. संयोजन और संक्षेप
21. उपसंहार

प्रथम परिचय

एक बार एक साधु महाराज अपने शिष्यों तथा उपस्थित लोगों को व्याख्यान दे रहे थे तो उन्होंने मुस्कुराते हुए अपने शिष्यों से पूछा कि उनमें से स्वर्ग कौन जाना चाहता है? सभी का उत्तर था कि वो भी स्वर्ग जाना चाहते हैं।

तब साधु महाराज ने उनसे कहा, "मैं कुछ ही क्षण में अपने इस नश्वर शरीर को छोड़ कर स्वर्ग जा रहा हूँ। क्या आप में से कोई मेरे साथ चलना चाहता है?"

उपस्थित लोगों में से प्रतिउत्तर में किसी ने कुछ नहीं कहा। तभी वहाँ पर बैठी एक छोटी सी बच्ची ने उठ कर कहा, "मैं जाना चाहती हूँ।"

साधु महाराज ने मुस्कुराते हुए उस बच्ची को बैठ जाने का इशारा किया और कहा, "नहीं बेटा ! अभी तुम्हें इस की अनुमति नहीं है, अभी तुम्हें जीवन में बहुत से उत्तरदायित्वों का निर्वाह करना है।"

कुछ देर के लिए वहाँ पर खामोशी सी छा गई। तब साधु महाराज ने फिर मुस्कुराते हुए सभी से पूछा, "क्या आप लोगों ने कभी स्वर्ग के मार्ग के विषय में सुना है?"

इस पर कुछ लोगों ने हामी भरते हुए 'हाँ' कहा और कुछ ने सहमति की मुद्रा में केवल अपने हाथ खड़े कर दिए।

तब साधु महाराज ने पुनः उपस्थित जनों से कहना आरंभ किया, 'स्वर्ग' भला कौन नहीं जाना चाहता। जिस प्रकार अपने भौतिक जीवन में हर मनुष्य अपने लिए सभी प्रकार की सुख सुविधा एवं ऐश्वर्य को प्राप्त करना चाहता है, उसी प्रकार मरने के पश्चात भी हर मनुष्य ऐश्वर्यपूर्ण जीवन ही जीने की चाहत रखता है। किन्तु सार्वभौमिक सत्य तो यह है कि आज के समय में यदि स्वर्ग तक के मार्ग का पता चल भी जाये तो भी उस पर चलने की योग्यता किस में है। योग्यता ना भी हो तो भी योग्यता के लिए निस्वार्थ भाव से प्रयास कौन कर सकता है। महाभारत की कथा से यह विदित होता है कि निःसंदेह ऐसी योग्यता पांडव पुत्र युधिष्ठिर में थी। तभी वह अपनी जीवित अवस्था में ही स्वर्ग तक पहुँच सकते थे। युधिष्ठिर जैसी योग्यता किस में है और कौन ऐसी योग्यता को अपने भीतर विकसित कर सकता है? यह प्रश्न विचारणीय है।

स्वर्ग का मार्ग निश्चित रूप से ही एक ऐसी रचना है, जिसे स्वर्ग का मार्ग कहना किसी भी दृष्टिकोण से अतिशयोक्ति नहीं होगी। इस पुस्तक के माध्यम से उन बातों के प्रति विचार विमर्श एवं विश्लेषण किया गया है, जिनसे कि इसके मार्ग का पता चल सके, और जो कठिन भी नहीं है। वास्तव में स्वर्ग का मार्ग की अवधारणा मुख्य रूप से महाभारत काल की एक कथा से उत्पन्न होती है। इस कथा के अनुसार, भगवान श्रीकृष्ण ने अपने भक्त, मित्र एवं सलाहकार युधिष्ठिर को स्वर्ग जाने का उन्हें मार्ग बताया था, जिससे कि स्वर्ग के द्वार तक जाया जा सकता था।

स्वर्ग के मार्ग का आधार एक धार्मिक कथा है। इसे हिन्दू धर्म में महत्त्वपूर्ण माना जाता है और यह कथा धार्मिक महाकाव्यों, पुराणों और वेदों में भी वर्णित है। स्वर्ग का मार्ग की कहानी के अनुसार, यह एक ऐसा मार्ग है, जो मनुष्य को अनन्त प्रसन्नता प्रदान करता है। मृत्यु के पश्चात उसे

भगवान और मोक्ष की प्राप्ति ओर ले जाता है। किन्तु सामयिक दृष्टि से इसे एक प्रेरणात्मक कथन एवं उदाहरण के रूप में भी लिया जा सकता है।

इसी कथा के अनुरूप **स्वर्ग** के **मार्ग** के महत्व का दूसरा पहलू यह भी है कि यह व्यक्ति की धार्मिक मान्यता अनुसार ब्रह्मा द्वारा परिभाषित आत्मज्ञान की प्राप्ति के पश्चात ही प्राप्त होती है। इसे आत्मा के मुक्त होने और मोक्ष की प्राप्ति का प्रतीक भी माना जाता है। जो व्यक्ति अपने सांसारिक बंधनों से मुक्त होता है और जब पूर्णतया आत्मा के साथ एकीकृत हो जाता है तो उस समय वह इसे प्राप्त करने का अधिकारी बन जाता है। यह एक ऐसा समय होता है जबकि उसे सांसारिक जीवन से किसी भी प्रकार की मोह माया अथवा ममता नहीं रहती।

स्वर्ग के **मार्ग** के विषय में अधिक से अधिक ज्ञात करने की तथा उसे प्राप्त करने की इच्छा मनुष्य के जीवन में पुरातन काल से ही चली आ रही है और यह स्वाभाविक भी है। भला, कौन मनुष्य स्वर्ग की प्राप्ति की चाह नहीं रखता है, जो कि रखनी भी चाहिए। लेकिन इसके प्रति चाह रहना ही पर्याप्त नहीं है। इसके संदर्भ में पूर्ण ज्ञान का और प्रयास का होना भी आवश्यक है। तभी इस दिशा में प्रयासरत हुआ जा सकता है और अग्रसर हुआ जा सकता है।

यह तो सब को ज्ञात ही है कि यह एक ऐसी इच्छा है जिसे कि सहज ही पूर्ण हो पाना किसी के लिए भी संभव नहीं। हिन्दू धर्म ग्रंथों में उल्लेखित इस कथा में इस बात का भी उल्लेख मिलता है कि **स्वर्ग का मार्ग** के विषय में ज्ञात होने से युधिष्ठिर सहित उसके दूसरे पांच पांडव भाइयों ने भी स्वर्ग जाने का प्रयास किया तो था, लेकिन उनमें से जीवित अवस्था में स्वर्ग केवल युधिष्ठिर ही पहुंच पाए थे। शेष सभी किसी न किसी कारण से

मार्ग में ही काल कल्वित हो गए थे और जीवित अवस्था में स्वर्ग नहीं पहुंच पाए थे।

इस संदर्भ में सर्वप्रथम आवश्यकता है स्वर्ग की अवधारणा को जानने समझने और इस पर पूर्ण विश्वास करने की। हिन्दू धर्मग्रंथों में तो इसका स्पष्ट उल्लेख मिलता ही है। इसके साथ ही विश्व के अन्य धर्मों एवं समुदायों में भी इसका स्पष्ट उल्लेख मिलता है। इससे ईश्वर के साथ ही स्वर्ग के भी उल्लेख से इसकी मान्यता को अत्यधिक बल मिलता है और इससे इसकी वास्तविकता प्रमाणित होती है।

इसके साथ ही यह प्रश्न भी उत्पन्न होता है कि ऐसा कौन सा मार्ग है जो ईश्वर ने अपने भक्त युधिष्ठिर को स्वर्ग की प्राप्ति के लिए बताया था? क्या वास्तव में ही स्वर्ग जाने के लिए किसी सीढ़ी की कोई वास्तविकता होती है? यदि हां तो वो कहां पर है ? वो कौन सी ऐसी वास्तविकता है जिससे मनुष्य अभी तक अनभिज्ञ है? क्या जीवित अवस्था में भी स्वर्ग जाया जा सकता है?

महाभारत की कथा में यह तो पढ़ने या सुनने को मिलता है कि भगवान श्रीकृष्ण ने अपने भक्त और सखा युधिष्ठिर को स्वर्ग जाने के लिए स्वर्ग का मार्ग बताया था, किन्तु वह मार्ग कौन सा था? यह सर्वविदित है कि युधिष्ठिर एक साधारण पुरुष नहीं थे। इसमें जो गुण थे, वो एक साधारण मनुष्य में नहीं हो सकते। इसमें जो भी गुण रहे थे, इसकी विवेचना आगे चलकर पुस्तक के अनुभागों में की गई है। वह धर्म और न्यायप्रियता के साक्षात अवतार थे। इसलिए वह इस सीढ़ी को प्राप्त कर स्वर्ग जाने के अधिकारी बनते थे। इस प्रकार से ईश्वर ने इस विषय में युधिष्ठिर की पात्रता भी स्पष्ट रूप से सिद्ध की है।

इसका स्पष्ट अभिप्राय यह है कि इसकी प्राप्ति के लिए धर्मपरायण, सद्गुणी एवं न्यायप्रिय होना आवश्यक है। इसके लिए मनुष्य जब सम्पूर्ण रूप से ईश्वर सदृष्य ही होगा तो तभी उसमें समाहित हो सकता है। तभी उसे इस सुविधा की प्राप्ति हो सकती है। इसलिए कहा जा सकता है कि किसी भी मनुष्य में इस प्रकार की योग्यता अथवा पात्रता का होना सहज ही संभव नहीं। इसी कारण से किसी के लिए भी स्वर्ग तक के मार्ग को प्राप्त करना भी सरल नहीं बल्कि असंभव ही है।

फिर भी विश्वास कीजिये कि इस मार्ग के विषय में ज्ञात कर पाना संभव नहीं तो कठिन भी नहीं है। इसके लिए यदि आवश्यकता है तो इसके प्रति सम्पूर्ण ज्ञान के होने की। उसके मूल तत्व की समझ के होने की। इसके लिए दृढ़ता एवं निष्ठापूर्वक प्रयासरत होने की। इसके लिए मूल रूप से आध्यात्मिक ज्ञान के साथ साथ ही मनुष्य में व्यावहारिक ज्ञान का होना भी आवश्यक है। वैसे भी इसमें संदेह नहीं कि किसी भी कार्य में पूर्ण सफलता उसके विषय में सम्पूर्ण ज्ञान के होने पर ही प्राप्त की जा सकती है।

कहते हुए साधु महाराज फिर से मुस्कुरा दिए,'इस विषय पर विस्तृत व्याख्या की आवश्यकता है। फिर भी अपने शरीर को छोड़ने से पहले मैं समय अनुसार इस विषय पर यथासंभव उचित प्रकाश डालने का प्रयास करूंगा, जिससे आप को अपेक्षित लाभ प्राप्त हो सके। इसके लिए मैं उस परमपिता परमेश्वर से प्रार्थना कर कुछ ओर देर के लिए इस पृथ्वी लोक में रहने की अनुमति ले लूंगा।

इतना कहकर साधु महाराज मौन हो गए एवं कुछ देर शांत बैठे रहने के पश्चात उठ कर कुटिया के भीतर चले गए।

प्रस्तावना

स्वर्ग की प्राप्ति देहावसान से पूर्व नहीं होती। यह एक कटु सत्य है। किसी भी समुदाय के धर्म ग्रंथों में ऐसा कोई प्रमाण नहीं है। इस प्रकार का उदाहरण केवल हिंदू धर्म ग्रंथ बल्कि यूँ कहना चाहिए कि महाभारत की गाथा में ही उपलब्ध है, किन्तु वहाँ तक पहुँचने के लिए इस मार्ग की उपलब्धता की तलाश के लिए प्रयास तो जीवित अवस्था में किया जा सकता है।

धार्मिक धारणाओं, आध्यात्मिक मान्यताओं और जीवन के उद्देश्य के परिप्रेक्ष्य से, मानव समाज ने सदैव से अनगिनत प्रश्नों का सामना किया है और उन्हें समझने का प्रयास किया है। एक ऐसा प्रश्न जो आमतौर पर धार्मिक विचारधारा में उठता है, वह है, 'स्वर्ग की प्राप्ति देहावसान से पूर्व होती है या नहीं ?' कुछ धार्मिक परंपराओं में, यह माना जाता है कि जीवन की मृत्यु के पश्चात स्वर्ग की प्राप्ति होती है, जबकि कुछ में इसके विपरीत मान्यता रही है। इस विवादपूर्ण मुद्दे को समझने के लिए हमें विभिन्न धार्मिक ग्रंथों और विचारधाराओं की ओर देखने की आवश्यकता पड़ती है।

स्वर्ग की प्राप्ति के विषय में भिन्न-भिन्न धार्मिक संप्रदायों और धर्म शास्त्रों में विभिन्न मतभेद हो सकते हैं। फिर भी यह विश्वास किया जाता है कि आत्मा का जीवन देहावसान के पश्चात भी निरंतर चलता रहता है और उसका अगला स्थान उसके कर्मों के आधार पर ही निश्चित होता है।

हिन्दू धर्म में, स्वर्ग की प्राप्ति के लिए कर्मों की बहुत ही महत्वपूर्ण

भूमिका होती है। इसके अनुसार, जीवात्मा के कर्मों के आधार पर ही उसका आगामी जन्म और उसके प्राप्ति स्थान का भविष्य निर्धारण होता है। सच्चे और निष्काम कर्मों के द्वारा मनुष्य की आत्मा उच्च स्तर के लोकों, जैसे स्वर्ग या जिसे हिन्दू धर्म में बैकुंठ भी कहा जाता है को प्राप्त कर सकती है।

इसके अतिरिक्त, वेदान्त और जैन धर्म जैसे अन्य धार्मिक संप्रदायों में आत्मा का लक्ष्य मोक्ष की प्राप्ति का होता है, जिसमें आत्मा सांसारिक बंधनों से मुक्त हो जाती है और वह परमात्मा के साथ एकता को प्राप्त करती है। इन धर्मों में स्वर्ग की प्राप्ति की चर्चा नहीं होती।

संक्षेप में, स्वर्ग की प्राप्ति के विषय में धर्म शास्त्रों और धार्मिक अनुष्ठानों के आधार पर विभिन्न मतभेद होते हैं और यह धर्म संप्रदाय के अनुसार भिन्न भी हो सकते हैं।

सारंग धर्म, इस्लाम, ख़िस्ती धर्म आदि अन्य धार्मिक संप्रदायों में भी मृत्यु के पश्चात आत्मा का अगला स्थान या फिर मोक्ष के विषय में विभिन्न धारणाएं हो सकती हैं। लेकिन निष्कर्ष आत्मा के उत्कर्ष के साथ उसकी सद्गति को प्राप्ति का ही है। जिसे स्वर्ग तक के मार्ग की प्राप्ति के द्वारा भी परिभाषित किया जा सकता है।

कुछ धार्मिक संप्रदायों में यह मान्यता है कि मनुष्य की मृत्यु के पश्चात उसकी आत्मा का एक नया जन्म होता है, जिसका परिणाम स्वर्ग या नरक में हो सकता है। इस परंपरागत दृष्टिकोण के अनुसार, धार्मिक कर्मों और आचरण के आधार पर जीवन के पश्चात की प्राप्तियों का निर्णय होता है। इस विचारधारा के अंतर्गत, स्वर्ग की प्राप्ति का संबंध जीवन की क्रियाओं से होता है और यह मृत्यु के पश्चात होने वाली आत्मिक प्रगति का परिणाम माना जाता है।

एक समय की बात है, एक गांव में एक बड़े ही धार्मिक आदर्शों वाले पंडित रहते थे। वे अपने अनुभव किये हुए धार्मिक तत्वों को सभी के साथ साझा करते थे और लोगों को सदैव एक आदर्श जीवन जीने का उपदेश दिया करते थे।

एक दिन, गांव में एक निर्धन लड़का आया। उसके पास खाने पीने का कोई सामान नहीं था और वह बहुत दिनों से भूखा था। पंडित ने उसे देखा और उसके पास आकर उससे पूछा, "बेटा, तुम इतने परेशान क्यों लग रहे हो? मुझे लगता है कि तुमने कई दिनों से कुछ भी खाया पीया नहीं है?"

लड़के ने अपनी निर्धनता के विषय में बताते हुए दुखी होकर कहा, "पंडित जी, मेरे पास खाने को कुछ भी नहीं है। मैं दिन रात भूखा प्यासा रहता हूं और कई दिनों से भूखा हूँ।"

पंडित ने जब उसकी आँखों में झाँक कर देखा तो उसे उस लडके की सारी परेशानी समझ में आ गई। उसने लड़के से कहा, "बेटा, तुम चिंता न करो। मेरी बात को ध्यान से सुनो। तुम्हारी जिंदगी में यह सिर्फ एक चरण है। शीघ्र ही यह चरण भी व्यतीत हो जायेगा। इसके पश्चात परिस्थितियों में निश्चित ही परिवर्तन आएगा। बस! तुम्हें कुछ देर धैर्य रखने की आवश्यकता है।"

लड़का थोड़ी देर तक धैर्य एवं आश्चर्य मिश्रित भावना से पंडित की ओर देखता रहा। पंडित ने उससे फिर कहा, "बेटा! तुम अपनी इस स्थिति को समझते हो और तुमने इसे स्वीकार भी कर लिया है। ऐसी विकट स्थिति में भी तुम विचलित होकर किसी गलत मार्ग पर नहीं गए। कभी किसी से कुछ छीना नहीं और ना ही कभी किसी को सताया या दुःख

ही दिया है। यह एक बहुत बड़ी बात है। यह तुम्हारे उत्तम आचरण का प्रतीक है। तुमने आज तक जो भी किया, वह तुम्हारी आत्मा की प्रगति का ही एक भाग है।"

लड़का अपनी दयनीय स्थिति के उपरांत भी पंडित की सारी बात को समझ गया और उनके द्वारा दिए गए उपदेश का अक्षरशः पालन करते हुए जीवन में आगे बढ़ने का संकल्प लिया। इसी प्रकार वह सामाजिक कार्य करते हुए गांव में आहार वितरण की योजनाओं में सम्मिलित हो गया और गांव के लोगों की सेवा करने लगा।

समय व्यतीत होने लगा और इसके साथ ही उस के किये जा रहे सद्कर्मों का परिणाम भी धीरे धीरे सामने दिखने लगा। उसने अपने परिश्रम और सेवा से गांव वालों की यथासंभव हर सहायता करने का प्रयत्न किया और उनके जीवन में सकारात्मक परिवर्तन लाने में भी सफल रहा।

एक दिन उसकी सेवा भावना से प्रभावित होकर एक धनी व्यापारी ने उसकी सहायता के लिए उसे अपने पास एक अच्छी सी नौकरी दे दी और उसकी भविष्य में उन्नति के लिए उसका उचित मार्गदर्शन भी करने लगा।

लड़के की लगन और परिश्रम के साथ निस्वार्थ भाव से किये गए कर्मों का परिणाम उसके लिए एक प्रकार से स्वर्गिक आनंद की अनुभूति के समान हो गया। उसने धैर्य से अपने जीवन की सभी कठिनाइयों का सामना किया। उसकी आत्मा ने उनके धार्मिक आचरण और कर्मों के आधार पर उसके लिए मानों उन्नति के नव द्वार खोल दिए।

हालांकि हिन्दू धर्म के महत्वपूर्ण ग्रंथ 'महाभारत' के अनुसार, उपयुक्त परंपरागत दृष्टिकोण से इसमें भिन्न दृष्टिकोण प्रस्तुत किया गया है। इसमें कर्म के सिद्धांत की ही विशेष मान्यता दी गई है। महाभारत का युद्ध

भूमि पर हुए भगवान श्रीकृष्ण और अर्जुन के वार्तालाप में, विभिन्न प्रकार के धार्मिक सिद्धांतों को प्रस्तुत किया गया है। इसमें आत्मा की अमरता, जन्म-मरण का चक्र और कर्म का महत्व उद्धृत किया गया है। फिर भी कर्म के सिद्धांत को और परिणाम स्वरूप आत्मा की उच्चतम अवस्था की पैरवी ही की गई है।

एक बार की बात है, प्राचीन काल में एक छोटे से गांव में एक गुरुजी के एक ब्राह्मण शिष्य रहते थे। गांव के लोग उनकी समझदारी और उनके ज्ञान का बहुत मान सम्मान किया करते थे।

गुरुजी ने अपने शिष्यों को ध्यान, धर्म और कर्म के महत्व के विषय में बहुत कुछ सिखाया था। वे यह सिखाते थे कि आत्मा अमर है और यह शरीर के मरने के पश्चात भी अद्वितीयता में स्थित रहती है।

मनुष्य का आमतौर से सबसे बड़ा भ्रम यह है कि शरीर छूटते ही उसकी मृत्यु हो जाती है। उसके लिए यही सत्य भी है, क्योंकि शरीर के मिटते ही तथाकथित मृत लोग दिखने बंद हो जाते हैं अर्थात एक प्रकार से उनके जीवित होने का आभास समाप्त सा हो जाता है। सत्य भी यही है। किन्तु, इस से भी बड़ा एक सत्य यह भी है, कि इसेमृत प्राणियों का जीवन सूक्ष्म शरीर के साथ बना रहता है।

मृत्यु के पश्चात आत्मा का नया जन्म होता है अथवा नहीं। इस बात को इस से भी समझा जा सकता है कि इस सृष्टि में उपस्थित हर पदार्थ परिवर्तनशील है और जिस प्रकार से समय आने पर उसमें परिवर्तन आता है, उसी प्रकार मनुष्य का शरीर भी परिवर्तनशील है और उसके शरीर में भी परिवर्तन आता है। उसकी आत्मा इस शरीर को छोड़ कर फिर से एक नया

शरीर धारण कर लेती है। आत्मा, जो शरीर से अलग होती है, अनंत, अमर और अविनाशी होती है।

हिन्दू धर्म में, आत्मा के पुनर्जन्म की मान्यता है। इसके अनुसार, आत्मा अनवरत जीवन और मृत्यु के चक्र में फिर से जन्म लेती है, जिसे संसार या संसार-चक्र कहा जाता है। आत्मा का पुनर्जन्म कर्मों के आधार पर होता है, यह ही 'कर्म-सिद्धांत' है।

आत्मा का पुनर्जन्म मुख्य रूप से कर्म सिद्धान्त (क्रमबद्ध सिद्धान्त) पर आधारित है। यह कहता है कि जीवात्मा अपने कर्म, अच्छे और बुरे के आधार पर अपने अगले जन्म को निर्धारित करती है। यदि जीवात्मा अच्छे कर्म करती है, तो वह अगले जन्म में सुखी योनि में जन्म लेती है, जबकि बुरे कर्म करने पर वह दुखी योनि में जन्म लेती है। कर्म फल की उच्चता और निम्नता के आधार पर आत्मा के जन्म का निर्णय होता है।

बहुत सी संस्कृतियों और धार्मिक सम्प्रदायों में एक जीवात्मा के एकाधिक पुनर्जन्मों की मान्यता है। समान रूप से, हिंदू धर्म में मोक्ष की प्राप्ति के लिए आत्मा के प्रत्येक पुनर्जन्म को नष्ट करना महत्वपूर्ण है। बौद्ध धर्म में, ये सिद्धान्त प्रतीत होता है कि दुख से मुक्ति की प्राप्ति के लिए आत्मा के पुनर्जन्मों को नष्ट करना आवश्यक है।

अन्य धर्मों और दार्शनिक सिद्धांतों में इसके विपरीत दृष्टिकोण हो सकता है। उदाहरण के लिए, जैन धर्म में, आत्मा का पुनर्जन्म में कोई स्थायी विश्वास नहीं होता और वह अनंत जीवन के साथ मोक्ष की प्राप्ति की ओर बढ़ती है।

आत्मा का पुनर्जन्म होने का विषय भारतीय धार्मिक और दार्शनिक

परंपराओं में महत्वपूर्ण रूप से मान्य रहा है। यह सिद्धांत प्राचीन भारतीय धार्मिक कथाओं, उपनिषदों, गीता और वेदों में भी वर्णित है।

इसलिए, आत्मा के पुनर्जन्म का विषय धर्म, दर्शन और व्यक्ति की आस्था के अनुसार भिन्न हो सकता है और इसके विषय में विचार किया जाता है।

मुख्य रूप से देखा जाये तो, आत्मा का पुनर्जन्म कार्य क्रमबद्ध सिद्धांतों के साथ जुड़ा हुआ है। यह मनुष्य को पूर्व जीवन में किए गए कर्मों के फल भोगने के लिए विवश करता है और उसे मुक्ति की प्राप्ति तक पहुंचने का मार्ग प्रदान करता है।

गुरुजी ने अपने उपदेश को पुन: आरम्भ करते हुए कहा, "आत्मा की अमरता, जन्म-मरण का चक्र और कर्म का महत्व, महाभारत के युद्ध के समय भगवान श्रीकृष्ण ने अर्जुन से कहा था और जिसका उल्लेख गीता में भी स्पष्ट रूप से है। यह सब हमें यह बताता है कि हमारे कर्मऔर आचरण अद्वितीयता के पीछे निरंतर प्रवाहमान रहते हैं। हमारी आत्मा नये जन्म को प्राप्त करने के लिए सदैव प्रतिबद्ध रहती है और हमारे कर्मों के आधार पर ही हमारे भविष्य का निर्धारण होता है।

इसके अतिरिक्त, यह भी सच है कि विभिन्न धार्मिक विचारधाराएँ इस विषय पर अपना विभिन्न दृष्टिकोण रखती हैं। कुछ धार्मिक समुदायों में आत्मा की मृत्यु के पश्चात स्वर्ग की प्राप्ति की मान्यता है, जबकि कुछ में यह मान्यता नहीं है। वो स्वर्ग के अस्तित्व में विश्वास नहीं रखते। ऐसे समुदाय विशेष का मत चाहे कुछ भी हो, लेकिन इसकी महत्वपूर्ण स्वीकृति सदैव ही अपने स्थान पर बनी रहती है।

यह सर्वविदित है कि हिन्दू धर्म में अपनी धार्मिक परंपराएं और

सिद्धांत हैं। इसमें अटल विश्वास है और ऐसा माना भी जाता है कि आत्मा की मृत्यु के पश्चात उसके कर्मों के आधार पर ही उसका अगला जन्म तय होता है। इस प्रक्रिया को ही संसार में चक्र के रूप में जाना जाता है और इसका स्पष्ट उद्देश्य जन्म मरण के बंधन से मुक्ति या मोक्ष की प्राप्ति करना होता है, जिसमें आत्मा आवागमन के सिद्धांत से मुक्त होकर शाश्वत शांति को प्राप्त करती है।

इसी प्रकार का मत बौद्ध और जैन धर्म के समुदाय का भी है। उन लोगों द्वारा भी माना जाता है कि स्वर्ग या नरक की प्राप्ति केवल जीवन में किए गए के कर्मों पर नहीं, बल्कि आध्यात्मिक उन्नति और आत्मा को शुद्धता के आधार पर भी होती है। अब आत्मा की शुद्धता क्या है, यह एक अन्य विचारणीय विषय हो सकता है, किन्तु संक्षेप में इसे निस्वार्थ भाव से अच्छे, सात्विक एवं मानव उपयोगी कार्यों के रूप में भी लिया जा सकता है।

इसका आशय है कि स्वर्ग की प्राप्ति न केवल आचरण या कर्म के आधार पर होती है, बल्कि यह आत्मा की सम्पूर्णता और उसकी अविच्छिन्नता की आधार पर होती है, जो सभी प्राणियों के लिए समान रूप से होती है।

हालांकि अद्वैत वेदांत का दृष्टिकोण कुछ भिन्न है। वेदांत के अद्वैत सिद्धांत में, स्वर्ग की प्राप्ति या नहीं प्राप्ति के विषय में विचारते समय आत्मा की मान्यता केवल देह की सीमा में ही नहीं रखी जाती है, बल्कि इस सन्दर्भ में आत्मा की अविच्छिन्नता को मान्यता है जो सभी प्राणियों में समान रूप से व्याप्त होती है। इस दृष्टिकोण के अनुसार, स्वर्ग की प्राप्ति केवल प्राणी के जीवन काल में उसके द्वारा किये गए कर्म तथा उसके आचरण के आधार

पर ही नहीं होती है, बल्कि इसकी सम्पूर्णता के आधार पर होती है।

आत्मा की सम्पूर्णता विभिन्न धार्मिक और दार्शनिक परंपराओं में विभिन्न तरीकों से समझी जाती है। यह एक गहरा और तात्विक विचार होता है और व्यक्ति के आत्मा की महत्वपूर्ण भूमिका निभाता है।

वेदों के अनुसार, आत्मा ब्रह्म का अद्वितीय अंश होती है और आत्मा की सम्पूर्णता इस ब्रह्म के अंश के अद्वितीयता में होती है। यह दर्शन आत्मा को अनन्त, अच्युत, और अमर होने की प्रक्रिया के माध्यम से समझाता है।

जैन दर्शन के अनुसार, आत्मा अचल, अविनाशी और अमर होती है। आत्मा की सम्पूर्णता उसकी निरंतर मुक्ति और आत्मा के परिपूर्ण विकास के माध्यम से प्राप्त होती है।

हिन्दू धर्म में, आत्मा की सम्पूर्णता व्यक्ति के आत्मा को परमात्मा या ब्रह्म से मिलने के माध्यम से होती है। इसका मुख्य उद्देश्य मोक्ष की प्राप्ति होती है, जिसमें आत्मा ब्रह्म के साथ एक हो जाती है।

बौद्ध धर्म के अनुसार, आत्मा की सम्पूर्णता बुद्धत्व के माध्यम से होती है और यह मोक्ष के माध्यम से प्राप्त होती है।

इस संदर्भ में योग का भी अपना मत है। योग दर्शन के अनुसार, आत्मा की सम्पूर्णता योग और ध्यान के माध्यम से होती है, जिससे आत्मा अपनी अंतरात्मा स्वरूप को पहचानती है और अपने आप को पूरी तरह से जानती है।

इन धार्मिक और दार्शनिक परंपराओं के अनुसार, आत्मा की सम्पूर्णता आत्मा के अंदर की आत्मा के साथ जुड़ने और परमात्मा या ब्रह

के साथ एक होने की प्रक्रिया के माध्यम से होती है। इससे व्यक्ति मोक्ष या मुक्ति प्राप्त करता है, जो आत्मा की अंतिम सम्पूर्णता होती है।

गुरु आदि शंकराचार्य, जिन्होंने अद्वैत वेदांत के महत्वपूर्ण सिद्धांतों का विकास किया था, उन्होंने आत्मा की सम्पूर्णता के दृष्टिकोण से स्वर्ग की प्राप्ति को समझाया था। वे जानते थे कि आत्मा ब्रह्म का अविच्छिन्न अंश है और सभी प्राणियों की आत्मा में एकता होती है। इसका एक उदाहरण निम्नलिखित हो सकता है।

धार्मिक सिद्धांतों के अतिरिक्त, आध्यात्मिक गुरुओं और धार्मिक विचारकों ने उपासना, सेवा, दया और अन्य परमात्मा के प्रति भक्ति के मार्ग को अपनाने के लिए भी प्रोत्साहित किया है। इसलिए यह मान्यता रखने वाले इस बात पर भी विश्वास करते हैं कि स्वर्ग की प्राप्ति केवल जीवन के आचरण से ही नहीं होती, बल्कि आचरण के साथ-साथ आत्मा की उदारता और पूर्णता की प्राप्ति का मार्ग अनुसरण करना चाहिए।

इसी दिशा में, आध्यात्मिकता के सिद्धांतों में स्वर्ग की प्राप्ति या मोक्ष उन्नत आध्यात्मिकता का परिणाम मानी जाती है, जो शरीरीय आकर्षण और भौतिक उपलब्धियों को पार करके परमात्मा की ओर प्राप्ति का मार्ग प्रशस्त करता है। यह आध्यात्मिक प्रकृति के अधीन होने की प्राधान्यता देने वाले दृष्टिकोण का परिणाम है, जिसमें भगवान, आत्मा और सत्य की पहचान और उससे जुड़ने का प्रयास होता है।

इसके लिए उच्च स्तरीय आध्यात्मिकता की आवश्यकता है। जिसका मुख्य तत्व है आत्मा की महत्वपूर्णता की मान्यता। इस के अनुसार, आत्मा ही वह दिव्यता है जो हमें स्वर्ग या मोक्ष की प्राप्ति की ओर ले जाती है।आध्यात्मिक साधनाओं, सेवा और आत्मसमर्पण के माध्यम से आत्माको

शुद्ध और उच्चतम अवस्था का मानते हुए ही इस दिशा में आगे बढ़ने का प्रयास किया जाता है।

हमें अपने दिल से और अपने कर्मों से आत्मा के साथ जुड़ने का प्रयास करना चाहिए। आत्मा को पहचानने के लिए हमें सदैव ही प्यार, सेवा, धर्म और सच्चाई का मार्ग अपनाना चाहिए। इसी प्रकार हम आत्मा को शुद्धता और दिव्यता की ओर बढ़ा सकते हैं और स्वर्ग या मोक्ष की प्राप्ति की ओर अग्रसर हो सकते हैं।"

इस सब के लिए आवश्यक है मनुष्य को आत्मा के स्वरूप का सम्पूर्ण ज्ञान होनाके उच्चस्तरीय आध्यात्मिकता में स्वर्ग या मोक्ष की प्राप्ति केवल आचरण से ही नहीं होती, बल्कि स्वयं के आत्मा के स्वरूप के ज्ञान पर भी निर्भर करती है। यहां, मानव अपने आदि कार्यों, आचरण और भावनाओं के पीछे जाकर, आत्मा की अनंत शक्तियों, ज्ञान और शुद्धता को पहचानता है।

एक समय की बात है कि अर्जुन नाम का एक युवक था। एक बार वह एक आध्यात्मिक गुरु के पास गया और उससे आत्मा के स्वरूप पर जिज्ञासा को शांत करने के लिए कहा।

गुरु मुस्कुराते हुए अर्जुन को अपने साथ एक छोटे से तालाब की ओर ले गए। तालाब के समीप पहुंच कर उन्होंने अर्जुन से कहा, "अर्जुन, तुम वहाँ तालाब के पास जाओ और यह देख कर आओ कि तुम्हें इस तालाब में क्या दिखता है। ध्यान से देखना, जो तुम्हें दिखता है वो ही मुख्य है।"

अर्जुन गुरु की बातों का पालन करके तालाब की ओर बढ़ा और

वहाँ पर उसने देखा कि तालाब का पानी सुनहरा पन और परम शांति से भरा हुआ है। वह तालाब के किनारे बैठकर अपने आसपास की शांति का आनंद लेने लगा।

कुछ समय पश्चात, अर्जुन गुरु के पास वापस आया और उन्हें बताया, "गुरुजी, मैंने तालाब को देखा और वहां पर मैंने उसकी अनंत शांति और सुनहरा पन का आभास किया।"

गुरु ने हंसते हुए कहा, "अर्जुन, तुमने बिल्कुल सही कहा। तालाब का पानी यहां आत्मा का प्रतीक है, उसकी शांति और सुनहरा पन का आशय है कि आत्मा हमें अंतर्मुखी बनाकर अपने स्वरूप को पहचानने की दिशा में ले जाती है। जब हम अपने मन को शांत करके और आत्मा के भीतर की गहराइयों को तलाश कर अपने स्वरूप को जानते हैं, तो हम स्वर्ग या मोक्ष की प्राप्ति की ओर अग्रसर होते हैं।"

इस सन्दर्भ में गहनतम विवेचना के लिए स्वर्ग और मोक्ष के अंतर का ज्ञान होना आवश्यक है। एक प्रकार से आध्यात्मिकता में स्वर्ग और मोक्ष का अर्थ भी सामान्य दृष्टिकोण से भिन्न होता है। स्वर्ग शांति, आनंद और परमानंद का प्रतीक होता है, जो आत्मा की आध्यात्मिक प्राप्ति के साथ संबंधित है। मोक्ष का अर्थ आत्मा की मुक्ति होता है, जिसमें व्यक्ति को सांसारिक बंधनों से मुक्त होकर आध्यात्मिक स्वतंत्रता प्राप्त होती है।

एक समय की बात है, एक आध्यात्मिक गुरु अपने शिष्यों के साथ एक वन में जा रहे थे। वन में एक बहुत ही खूबसूरत झील थी, जिसका पानी सुनहरा और प्राकृतिक रूप से शांत था। गुरु ने अपने शिष्यों से कहा, "देखो, यह झील स्वर्ग की भांति है, जो शांति, आनंद और परमानंद का प्रतीक है।"

शिष्य वहाँ जाकर झील के किनारे बैठ गए और ध्यान लगाने का प्रयास का प्रयास करते हुए वहाँ की शांति और सुनहरे पन का आनंद लेने लगे। कुछ देर पश्चात गुरु ने उनसे पूछा, "क्या तुमने अभी स्वर्ग का अनुभव किया है?"

एक शिष्य ने उत्तर दिया, "हाँ, गुरुजी, झील के किनारे बैठकर हमने वहाँ की शांति और सुनहरे पन का जो आनंद लिया वो एक प्रकार से स्वर्ग का ही अनुभव था।"

गुरु ने फिर से पूछा, "क्या तुम अब मोक्ष का अनुभव करना चाहते हो ?" शिष्यों का इससे उत्साह बढ़ा। उन्होंने तुरंत कहा, "हां, गुरुजी, हम मोक्ष की तलाश में हैं। हम इसका भी अनुभव करना चाहते हैं।"

गुरु उन्हें फिर से झील के किनारे ले गए और तब उन्हें पानी में डूबने के लिए कहा। शिष्यों ने पूर्ण समर्पित भाव से गुरु की आज्ञा का पालन किया और झील में डूबने के पश्चात वे आत्मा का अनुभव करने का प्रयास करने लगे।

डूबने के पश्चात, शिष्यों को स्वयमेव ही सांसारिक बंधनों से मुक्त होने का आभास होने लगा और वो इसमें आध्यात्मिक स्वतंत्रता का आनंद लेने लगे। तब गुरु ने उनसे कहा, "यही है मोक्ष, जब तुम अपनी आत्मा को अनुभव करते हो और सांसारिक बंधनों से मुक्त होते हो।

इस कथा से हमें यह सीखने को मिलता है कि स्वर्ग और मोक्ष का अर्थ इसके प्रति दृष्टिकोण से भिन्न होता है। स्वर्ग शांति, आनंद और परमानंद का प्रतीक होता है, जो आत्मा की आध्यात्मिक प्राप्ति से संबंधित है, जबकि मोक्ष आत्मा की मुक्ति होती है, जिसमें व्यक्ति सांसारिक बंधनों से मुक्त होकर आध्यात्मिक स्वतंत्रता को प्राप्त करता है।

स्वर्ग, इस आध्यात्मिक दृष्टिकोण में मानवीय इच्छाओं और भौतिक सुखों के परे एक ऊँची आध्यात्मिक स्थिति का प्रतीक होता है। यह अनंत शांति, आनंद और परमानंद की प्राप्ति का स्थान होता है जो व्यक्ति को आत्मा की सार्वभौमिकता और परमात्मा से जुड़ने का अवसर प्रदान करता है। यह एक आध्यात्मिक स्थिति होती है जो व्यक्ति के भीतर की शांति, सुख और स्व-अन्तस्थ आत्मा की पहचान को प्राप्त करने का माध्यम बनती है।

मोक्ष, इस आध्यात्मिक परिप्रेक्ष्य में, आत्मा की मुक्ति और उनके सांसारिक बंधनों से मुक्त होने का प्रतीक होता है। यह आत्मा की परम आनंदमय स्थिति है जो उसे संसार के मोह और बंधनों से मुक्त करके परमात्मा से एकीकृत करती है। मोक्ष की प्राप्ति से आत्मा को स्वतंत्रता, शुद्धता और अनंत आनंद की प्राप्ति होती है।

संशय रहित स्तरीय आध्यात्मिकता अपने आदर्शों और सिद्धांतों के माध्यम से एक आदर्श आध्यात्मिक जीवन की ओर प्रेरित करती है। यह दिखाती है कि स्वर्ग या मोक्ष की प्राप्ति केवल आचरण से नहीं होती, बल्कि आत्मा के उन्नत और अनुकरण की दिशा में अग्रसर होने पर निर्भर होती है। इस प्रकार, इस उच्च स्तरीय आध्यात्मिकता से हमें आध्यात्मिक स्वतंत्रता, आनंद और मुक्ति की महत्वपूर्णता की अनुभूति होती है।

स्वर्ग

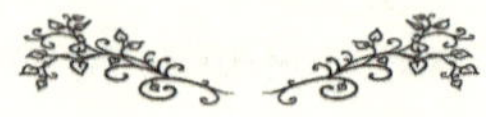

स्वर्ग (Swarg) का वर्णन पुराणों, जैसे कि भगवद गीता, महाभारत, रामायण, विष्णु पुराण, और भागवत पुराण, में किया गया है। स्वर्ग की मुख्य विशेषताएं पौराणिक ग्रंथों और उस समय की विचारधारा में भी मिलती हैं। इन के अनुसार, स्वर्ग एक दिव्य, आनंदमय और सुखमय स्थान होता है, जो स्वर्गलोक या देव लोक के नाम से भी जाना जाता है। जहाँ प्राणियों को अनंत सुख और आनंद का अनुभव होता है। यह स्थान भगवान के निकटतम प्रतिष्ठानों में से एक होता है। यह एक प्रकार से परम लोक होता है, जो सुख, शांति और आनंद का स्थान माना जाता है। यह ईश्वर के आसपास के लोकों के लिए प्राप्ति का एक प्रमुख उद्देश्य होता है।

स्वर्ग का विचार हिन्दू धर्म में बहुत महत्वपूर्ण है और यह पुरुषार्थ (मानव जीवन का उद्देश्य) में से एक माना जाता है। यहाँ तक कि जीवन के विभिन्न कार्यों और धर्मों के माध्यम से भी स्वर्ग की प्राप्ति का प्रयास किया जाता है। हिन्दू धर्म में यह भी माना जाता है कि यह एक दिव्य आवास स्थान होता है जो भगवान और देवताओं के लिए ही उपलब्ध होता है। स्वर्ग में अप्सराएं (दिव्य सौन्दर्यमयी युवतियां), गंधर्व (संगीत के देवता) भी वास करते हैं और वहाँ के मनोरंजन, गीत-संगीत और रमणीय वातावरण का आनंद लेते हैं। स्वर्ग की आकृति, वातावरण और सुख-शांति का स्वरूप अत्यंत सुंदर होता है। वहाँ का वातावरण अत्यद्भुत और आनंदमय होता है। जिसमें सुख और शांति का अतुलनीय अनुभव किया जाता है।

पुराणों में कहा गया है कि स्वर्ग का द्वार विभिन्न देवी देवताओं द्वारा रक्षित होता है और यहाँ पर पुर्णत: पुण्यात्मा प्राणियों को ही प्रवेश मिलता है। पुराणों के अनुसार, स्वर्ग को प्राप्त करने के लिए पुण्य कर्मों का फल मिलता है। इस के लिए जीवन में अर्जित किये गए पुण्य कर्मों की आवश्यकता होती है। भगवान और धार्मिक कर्मों के परिणामस्वरूप ही यहाँ के निवासियों को स्वर्गलोक में निवास करने का अधिकार मिलता है, जहाँ वे अनंत सुख सुविधा के उपभोग का आनंद प्राप्त होता है।

स्वर्ग की विविध पौराणिक कथाएँ और विशेषताएं विभिन्न पौराणिक ग्रंथों मान्यताएं एवं विचारधाराओं में वर्णित हैं, लेकिन समग्र रूप में यह सभी धर्मों में एक परम धार्मिक और आनंदमय लोक के रूप में ही प्रस्तुत किया जाता है।

हिन्दू धर्म में, स्वर्ग के बहुत सारे लोकों का वर्णन किया गया है। प्रमुख लोकों में से कुछ नाम इस प्रकार हैं-स्वर्गलोक, इंद्रलोक, विष्णु लोक, ब्रह्मलोक, बैकुंठ, अप्सरा लोक आदि।

इस्लाम में स्वर्ग को 'जन्नत' कहा जाता है। जिसका वर्णन कुरान में भी किया गया है और यह एक स्वर्ग के समान स्थान के रूप में ही वर्णित है, जो भक्तों के लिए सुखमय और आनंदपूर्ण होता है।

ख्रिस्ती धर्म में, स्वर्ग को 'परमेश्वर के दरबार' या 'स्वर्ग' के रूप में वर्णित किया गया है। जहाँ पर प्रेमी और धर्म में विश्वास रखने वाले लोग ईश्वर के साथ ही अनंत सुख और शांति का उपभोग करते हैं।

बौद्ध धर्म में स्वर्ग को 'तुषित' कहा जाता है और यह तांत्रिक बौद्ध धर्म के अनुसार एक स्थान का नाम है, जहाँ पर भिक्षु और अन्य जीवों को असीम आनंद, सुख व शांति की प्राप्ति होती है।

इसके अतिरिक्त भी कुछ अन्य धर्म ग्रंथों एवं संप्रदायों में परंपराओं के अनुसार स्वर्ग के नाम, विवरण और उनकी धारणाएं विभिन्न हो सकती हैं, किन्तु मूलरूप से इसकी विशेषताओं संबंधित विवरण लगभग एक जैसा ही मिलता है।

इस सब के अतिरिक्त वर्तमान में विज्ञान एवं मनोविज्ञान की दृष्टि से भी स्वर्ग की मान्यता भिन्न हो सकती है, जिसके सम्बन्ध में विवेचना आगे चल कर अन्य अनुभागों में की गई है। जिसका निश्चित रूप से ही पाठकों को एक दृढ़ मानसिकता की ओर ले जाने में विशेष महत्त्व हो सकता है। इसी प्रकार यदि मनुष्य ऐसी ही विवेचना एवं पथ का अनुसरण करते हुए जीवन में आगे बढने का प्रयास करे तो निश्चित ही उसे भी स्वर्ग की सीढी की एवं कथित स्वर्गलोक की प्राप्ति हो सकती है। इसके लिए निष्ठापूर्वक एवं सतत प्रयास किए जाने की आवश्यकता है।

स्वर्ग का मार्ग

अगले दिन साधु महाराज ने अपने सन्यासियों एवं उपस्थित जनसमुदाय को फिर से प्रवचन देना आरम्भ करते हुए कहा, स्वर्ग और स्वर्ग तक के मार्ग के महत्व के विषय में बहुत सामर्थ्य पूर्ण कथाएं हैं। इसे मनुष्यों को जीवन के उद्देश्य के प्रतीक और एक उच्च मार्ग आराधना के रूप में देखा जाता है। इसे प्राप्त करने के लिए व्यक्ति को धर्म, न्याय, सच्चाई और निष्काम कर्म में प्रमाणित होना चाहिए। स्वर्ग तक के मार्ग पर चलना उस प्रयास का प्रतीक है जिसके माध्यम से मनुष्य अपनी आत्मा को दिव्य स्वर्गों और सुखों के साथ जोड़ता है।

स्वर्ग तक के मार्ग के महत्व का दूसरा पहलू यह है कि यह व्यक्ति को ब्रह्मा द्वारा घोषित आत्मज्ञान की प्राप्ति के पश्चात ही प्राप्त होती है। इसे आत्मा के मुक्त होने का प्रतीक माना जाता है। जब व्यक्ति अपने सांसारिक बंधनों से पूर्णतया मुक्त होता है और आत्मा के रूप में ईश्वर के साथ एकीकृत होता है। इस प्रकार, स्वर्ग के मार्ग का महत्व धार्मिक उद्देश्य की यात्रा और आध्यात्मिक मुक्ति की प्राप्ति के रूप में समझा जा सकता है। यह एक धार्मिक प्रतीक है जो मनुष्य को अद्वितीय और दिव्य सुख की प्राप्ति के लिए उसे प्रेरित करता है।

यह प्रतीक स्वर्ग तक पहुँचने के मार्ग की ही एक रुपरेखा है। इसे धार्मिक और मानवीय मार्ग की प्रतीकता के रूप में देखा जाता है। इसे स्वर्ग की ओर ले जाने का मार्ग माना जाता है और वहां से ही मनुष्य को भगवान

और अनंत सुखों की प्राप्ति होती है।

इस प्रकार, मुख्य सीढ़ी मनुष्य को आत्म अनुचिन्तन, आध्यात्मिक परिवर्तन, आत्मिक समृद्धि और दिव्य आनंद की प्राप्ति का मार्ग प्रदान करती है। इसे प्राप्त करने के लिए व्यक्ति को अपने आप को एकांत, मध्यम और उच्चतम सच्चिदानंद स्वरूप में अनुभव करने का प्रयास करना चाहिए। इस मार्ग या इस लक्ष्य को प्राप्त करने के लिए आपको अपनी आत्मा में आवश्यक परिवर्तन करना होगा। यह आत्म-जागरूकता, आध्यात्मिक विकास और आत्म-विचार के माध्यम से संभव होता है।

स्वर्ग का मार्ग की चाहत

स्वर्ग, मानवता की सदैव चाहत रही एक अद्वितीय और आध्यात्मिक स्थिति है। वह स्थान, जहां सुख, शांति और आनंद की अपारता होती है, जिसकी आवश्यकता मानव जीवन के सभी पहलुओं में निहित है। इस प्रकार की आध्यात्मिक अवधारणा के साथ, स्वर्ग का मार्ग एक गहरा और महत्वपूर्ण विषय है, जिसे विचार तथा ध्यान के साथ समझना आवश्यक है।

स्वर्ग तक जाने का मार्ग आध्यात्मिकता, धार्मिकता और मानवीय नैतिकता के माध्यम से स्पष्ट होता है। यह मार्ग अनेक धार्मिक और दार्शनिक परंपराओं में वर्णित है, परंतु इसका मुख्य उद्देश्य आदर्श और उच्च मानकों की प्राप्ति होती है।

विभिन्न धार्मिक परंपराओं में, स्वर्ग की प्राप्ति के लिए नैतिकता और श्रेष्ठता का पालन महत्वपूर्ण माना गया है। धर्म और ध्यान के माध्यम से मन, शरीर और आत्मा का पुनर्मिलन होता है, जिससे आध्यात्मिक उन्नति होती है और स्वर्ग तक जाने के मार्ग तक पहुंचा जा सकता है।

स्वर्ग का मार्ग न केवल आध्यात्मिक बल्कि नैतिक भी होता है। करुणा, दया, सहानुभूति और परोपकार के माध्यम से आत्मा में उच्चतम अवस्था की प्राप्ति होती है, जो स्वर्ग को प्राप्त करने के लिएसहायक और महत्वपूर्ण है

इस विचारधारा के अनुसार, स्वर्ग का मार्ग अत्यधिक अपेक्षित उद्देश्यों की प्राप्ति का माध्यम होता है, जिसमें आध्यात्मिक सुधार, नैतिक उन्नति और मानवीय संवाद का महत्वपूर्ण योगदान होता है। स्वर्ग का मार्ग अनुशासन, संयम और समर्पण के साथ जुड़ा होता है, जो हमें आत्मविश्वास, साहस और सहनशीलता के साथ साथ ही अपने लक्ष्य की प्राप्ति में भी सहायता करता है।

इस प्रकार, 'स्वर्ग का मार्ग' एक आध्यात्मिक और नैतिक दिशा मार्ग का प्रतीक होता है, जो हमें अपने जीवन का उद्देश्य और मानवता की दिशा में उचित मार्गदर्शन करता है। इस मार्ग पर चलते समय, हम आत्मा की प्रगति तथा इसके उदय का आभास करते हैं।

कहते हैं कि सफलता एक मंजिल नहीं बल्कि एक यात्रा है। इसी प्रकार जीवन उतार-चढ़ाव, चुनौतियों और विजयों से भरी एक यात्रा है। इसे सफलतापूर्वक पूरा करने के लिए साहस तथा दृढ़ निश्चय की आवश्यकता होती है।

इस सम्बन्ध में जॉन का उदाहरण लिया जा सका है। जॉन एक ऐसा व्यक्ति था, जिसने कई बाधाओं का सामना किया लेकिन अंततः अपने दृढ़ निश्चय, लचीलेपन और स्वयं पर विश्वास के माध्यम से अपने लक्ष्य को प्राप्त करने में सफल हो कर ही रहा। जॉन की यात्रा एक शक्तिशाली उदाहरण के रूप में कार्य करती है कि जैसे कोई व्यक्ति जीवन में प्रतिकूल परिस्थितियों के होने पर भी विजय प्राप्त कर सकता है।

जॉन का जन्म एक छोटे से शहर में एक साधारण परिवार में हुआ था। छोटी उम्र से उसे आर्थिक कठिनाइयों और सीमित साधनों से ही निर्वाह करना पड़ा। ऐसी अनेक चुनौतियों के उपरांत भी जॉन के पास एक सफल

संगीतकार बनने का एक अटूट सपना था। उसने गिटार का अभ्यास करने, अपने कौशल को निखारने और दिल को छू लेने वाले गीत लिखने में पूर्णतया अपने आप को अर्पित कर दिया।

हालांकि जॉन को इसके लिए अपने जीवन में बहुत कडा संघर्ष भी करना पड़ा। उसे बहुत सारी कठिनाइयों का सामना करना पड़ा। किन्तु उसने फिर भी हार नहीं मानी। धीरे धीरे उसे सफलता मिलने लगी और उसके भाग्य का सितारा चमकने लगा।

फिर सहसा ही उसके जीवन में एक दिन ऐसा भी आया, जब जॉन को एक प्रसिद्ध संगीत निर्माता का फ़ोन आया, जिसने उनके एक डेमो टेप को देखा था। निर्माता ने जॉन की सच्ची प्रतिभा को पहचाना और उसे एक एल्बम रिकॉर्ड करने का अवसर दिया। यह जॉन के जीवन का टर्निंग पॉइंट था, वह पल जिस का उन्हें इंतज़ार था।

सफलता की राह इतनी आसान नहीं थी। जॉन ने अपना पहला एल्बम बनाने में अपना दिल और आत्मा लगा दी, किन्तु इसके उपरांत भी प्रतिस्पर्धी संगीत उद्योग में यह सफल नहीं हो सका। निराश होकर, जॉन ने स्वयं को एक प्रकार से जीवन के चौराहे पर पाया। वह या तो इस समय हार मान सकता था या फिर इस झटके का उपयोग स्वयं को आगे बढ़ाने के लिए ईंधन के रूप में कर सकता था।

जॉन ने ऐसे समय में अपने लिए दूसरे विकल्प का चुनाव किया। उसने स्वयं को इसके लिए फिर से तैयार करते हुए अपने शिल्प को निखारने और अपने दर्शकों से गहरे स्तर पर जुड़ने का प्रयास आरम्भ कर दिया। वह छोटे-छोटे स्थानों पर प्रदर्शन करते हुए अपनी कला का सर्वश्रेष्ठ प्रदर्शन करने लगा। उसकी भावपूर्ण आवाज़ और दिल को छू लेने वाले

गीतों ने दर्शकों को मंत्रमुग्ध कर दिया।

धीरे-धीरे लेकिन निश्चित रूप से, जॉन की प्रतिभा में निखार आता जा रहा था। उसकी प्रसिद्धि दिन व दिन फैलने लगीं। उसके प्रशंसकों की संख्या बढ़ती गई और उसे उद्योग जगत के व्यावसायिक क्षेत्र में पहचान मिलने लगी। जॉन की दृढ़ता और उसका समर्पण रंग ला रहा था और वह अंततः सफलता की राह पर आगे बढ़ता जा रहा था।

जॉन को सफलता तब मिली जब उसने एक सिंगल प्रस्तुति की, जोकि श्रोताओं के दिलों में गहराई में उतर गई। "स्टेयरवे टू हेवन" शीर्षक वाला यह गाना तुरंत ही हिट हो गया, जिस ने जॉन को स्टारडम तक पहुँचा दिया। गीत उनकी यात्रा, उनके द्वारा किए गए संघर्षों और उनकी जीत के विषय में बताया था। यह उन लोगों के लिए एक प्रेरणा स्रोत बन गया, जिन्होंने अपने मार्ग में आने वाली हर प्रकार की विपत्ति का सामना किया और सफलता की ऊंचाई को प्राप्त किया।

जॉन की सफलता एक हिट गीत के साथ ही समाप्त नहीं हुई। उसने अपने संगीत का श्रेष्ठ से श्रेष्ठतर प्रदर्शन करना और लाखों लोगों को प्रेरित करना जारी रखा। उनकी सबसे बड़ी जीत वह प्रसिद्धि या धन नहीं थी जो उन्होंने अर्जित किया था, बल्कि वह प्रभाव था जो उन्होंने दूसरों पर डाला था।

जॉन ने अपने मंच का उपयोग अपने दिल के करीब के और महत्वाकांक्षी संगीतकारों को प्रेरित करने और प्यार, आशा और लचीलेपन के संदेश फैलाने के लिए किया। वह उन लोगों के लिए प्रकाश की किरण बन गए, जी कहीं गुमनामी के अंधकार में खो गए थे। उनके लिए प्रेरणास्रोत बनते हुए कि दृढ़ संकल्प और दृढ़ता के साथ, वे भी स्वर्ग की

सफलता की सीढ़ी को प्राप्त कर सकते हैं।

जॉन की यात्रा दृढ़ता, लचीलापन और आत्म-विश्वास की शक्ति के लिए एक उदाहरण के रूप में कार्य करती है। कई बाधाओं का सामना करने के उपरांत, उसने कभी भी अपने सपने को नहीं छोड़ा। अपने अटूट दृढ़ संकल्प और असफलताओं से स्वयं को परिभाषित करने से इनकार कर वह अपने लक्ष्य की प्राप्ति की दिशा में बढ़ता चला गया।

चाहे हम किसी भी चुनौती का सामना करें, हमें यह सदैव ही स्मरण रखना चाहिए कि सफलता कोई निर्धारित मंजिल नहीं बल्कि सफलता एक यात्रा है। हमारे संघर्षों और जीत के माध्यम से ही हम बढ़ते हैं, विकसित होते हैं और अंततः स्वर्ग की सीढ़ी की दिशा में आगे बढ़ पाते हैं।

स्वर्ग यात्रा का मर्मज्ञान

एक बार सोहम नाम का एक युवक अपने जीवन में सफलता पाने के लिए सारे कार्य आध्यात्मिक ढंग से सोच विचार करते हुए पूर्ण निष्ठा एवं परिश्रम से कर रहा था। उसका मानना था कि जीवन में सफलता सिर्फ उसके आध्यात्मिक विचार विमर्श एवं परिचर्चा से ही उसे प्राप्त होगी। यह सोच कर वह दैनिक कार्यप्रणाली के मध्य भी अन्य लोगों के साथ धार्मिक वार्तालाप में ही निमग्न रहा करता था। लेकिन उसका ऐसा सोचना पूर्णतया सही नहीं था।

एक दिन, उसके गांव में एक बहुत ज्ञानी एवं आध्यात्मिक वृत्ति के गुरुजी आए। गुरुजी ने उसे अपने पास बुलाया और उसे विशेष शिक्षा प्रदान की। उन्होंने उससे कहा, "केवल तुम्हें आध्यात्मिक विचार विमर्श एवं वार्तालाप से ही सही पथ की प्राप्ति नहीं होगी, बल्कि तुम जो कुछ भी करते हो उसे पूर्ण मनोयोग से किया करो। निःसंशय होकर अपने निस्वार्थ एवं शुद्ध भाव से किया करो। तुम पूर्णतया अपने काम में ध्यान देने के साथ साथ ही उसे अपनी आत्मा के साथ भी संलिप्त करने का प्रयास किया करो। ऐसा प्रयास ही तुम्हें जीवन में सही दिशा की ओर ले जाएगा।"

सोहम पर गुरु की शिक्षा का अतिरिक्त प्रभाव पड़ा और उसने उनकी दी हुई शिक्षा का पूर्ण मनोयोग से पालन करना आरम्भ कर दिया। उसने अपने काम में न केवल परिश्रम ही करना आरम्भ कर दिया, बल्कि जो भी कार्य करता उसमें अपनी अंतरात्मा को भी साक्षी मानकर करता।उसे

उसके परिश्रम, निष्ठा और आध्यात्मिकता से जीवन में सही पथ पर आगे बढ़ते रहने की दिशा में सहायता की।

मानव जीवन में सफलता की प्राप्ति एक अद्वितीय और गहरे अर्थों में आत्मिक प्रयास का परिणाम होती है। इस सफलता के पीछे बहुत से कारण होते हैं, जैसे कि अथक परिश्रम, निष्ठा, विवेकशीलता और मानवीय मूल्यों का पालन करना। इसके अतिरिक्त, इसके लिए आध्यात्मिकता भी एक महत्वपूर्ण कारक हो सकती है जो हमारी यात्रा को एक नयी दिशा में प्रेरित कर सकती है। इस विचारशीलता के अंतर्गत, हम यहां पर इस मर्म के ज्ञान की बात भी करेंगे कि वास्तव में ही आध्यात्मिकता किस प्रकार से हमारी यात्रा को प्रेरित कर सकती है और सफलता की दिशा में कैसे हमारा मार्गदर्शन कर सकती है।

इस क्षेत्र में आध्यात्मिकता का अपना एक विशेष ही महत्व है। आध्यात्मिकता मानव जीवन का एक महत्वपूर्ण भाग है, जो हमें ज्ञान, शांति और परम सुख की प्राप्ति की दिशा में आगे बढ़ने में सहायता करती है। आध्यात्मिकता से आशय है अपनी आत्मा की पहचान करना और उसके साथ एक संवाद स्थापित करना। यह हमें सामाजिक और आर्थिक विषयों से पार जाने की क्षमता प्रदान करती है और हमें एक ऊँची मानवीय मानसिकता की दिशा में ले जाती है।

इस संदर्भ में मुख्य विचारणीय विषय है, स्वर्ग तक के मार्ग की यात्रा। स्वर्ग की तक यात्रा एक आध्यात्मिक अवधारणा है जिसेइस प्रकार से भी समझा जा सकता है कि मानव जीवन का उद्देश्य आत्मा की पूर्णता की ओर प्रगति करने का होना चाहिए। यह एक आनंदमय और ज्ञानयुक्त जीवन की ओर एक मार्गदर्शन का संकेत हो सकता है, जो हमें सच्चे सुख

और अच्छाई की प्राप्ति की दिशा में ले जाता है। यह यात्रा आत्मा के विकास में होने वाले अंतर्निहित परिवर्तनों का परिणाम होती है, जिससे हम अपने आप को अपनी चारों दिशाओं में श्रेष्ठतर बना सकते हैं।

इसके लिए सर्वोपरि सिद्धांत है आत्म-ज्ञान की आवश्यकता। इस यात्रा का आरम्भ आत्मज्ञान से ही होता है। हमारे लिए अपना स्वभाव, प्राथमिकताएं और आत्मा की उपस्थिति को समझना आवश्यक है।

आत्मज्ञान के माध्यम से हम अपने अंतरंग विकास की दिशा में मार्गदर्शन प्राप्त कर सकते हैं। इससे हमें अपने सकारात्मक और नकारात्मक पहलुओं को समझने में सहायता प्राप्त होती है, जिससे हम अपने व्यक्तिगत और व्यावसायिक जीवन को संतुलित बना सकते हैं।

आत्मज्ञान के माध्यम से व्यक्ति अपनी आत्मा और अपने व्यक्तिगत जीवन के समस्त पहलुओं को समझने में सहायता प्राप्त करता है। यह उसकी आत्मा के स्वरूप, उद्देश्य और धार्मिक दृष्टिकोण के प्रति उसकी गहरी समझ को बढ़ावा देता है।

इसके लिए आत्मा की आवश्यकता की समझ होना अत्यंत आवश्यक है। आत्मज्ञान के माध्यम से व्यक्ति अपनी आत्मा की आवश्यकता को समझता है और इससे उसे आगे चलकर यह जानने और समझने में सहायता मिलती है कि वह अपने जीवन में किन मानवीय मूल्यों और उद्देश्यों को प्राथमिकता और महत्व देना चाहता है।

जिस व्यक्ति में आत्मा की पर्याप्त समझ हो उसके लिए इसमें मनुष्य के स्वभाव की पर्याप्त समझ होनी चाहिए। आत्मज्ञान से व्यक्ति अपने स्वभाव को भली भांति से समझ सकता है, जिससे वह अपनी शक्तियों और कमजोरियों को पहचानता है और अपने कौशल को विकसित करने का

मार्ग चुनने में सफल होता है।

इसके लिए सकारात्मक और नकारात्मक पहलू की समझ होना बहुत आवश्यक है। आत्मज्ञान के माध्यम से व्यक्ति अपने सकारात्मक और नकारात्मक पहलुओं को भी समझता है, जिससे वह अपने गुणों को अपने लिए सहायक बनाने का प्रयास कर सकता है और इससे वह अपने दुःखों और संघर्षों का सामना भी कर सकता है।

इसके साथ ही मनुष्य में ध्यान और मेधा का विकसित होना भी बहुत महत्वपूर्ण है। आत्मज्ञान के इस माध्यम से व्यक्ति अपनी मानसिक स्थिति को नियंत्रित करने के उपायों को सीखता है, जैसे कि ध्यान और अपनी मेधा को विकसित करना, जिससे उस के व्यक्तिगत और व्यावसायिक जीवन में सहायता प्राप्त होती है।

इस सब के साथ ही मनुष्य के लिए स्वयं के साथ और अपने पर्यावरण के साथ एक प्रकार का संतुलन बनाए रखने की आवश्यकता है ही, मनुष्य का आत्मज्ञान व्यक्ति को स्वयं के साथ और उसके पर्यावरण के साथ संतुलन बनाने में भी सहायक होता है, जिससे वह अपने जीवन को सुखमय और समृद्धि पूर्ण बनाने में सफल हो सकता है।

आत्मज्ञान मनुष्य के लिए एक गहन और अर्थपूर्ण धार्मिक अनुभव हो सकता है, जो व्यक्ति को उसके जीवन की समृद्धि और उस में सामंजस्य स्थापित करने में सहायता करता है। यह व्यक्ति को उसकी आत्मा के मूल्यों और उद्देश्यों के साथ साथ एक विधा के साथ जीने के लिए भी प्रेरित करता है।

इसके साथ ही यह भी सदैव स्मरण रखना चाहिए कि आध्यात्मिक उन्नति के लिए मनुष्य के लिए नियमित साधना भी बहुत आवश्यक है।

ध्यान, प्राणायाम और मनन जैसे आध्यात्मिक अभ्यासों के माध्यम से हम अपनी मानसिक और आत्मिक शक्तियों को विकसित कर सकते हैं। साधना के द्वारा ही हम अपनी अंतरात्मा के साथ एक तारतम्य का अनुभव करते हैं, जो हमें आत्मा के महत्वपूर्ण आदर्शों की पहचान करने में सहायता करता है।

इस मार्ग पर चलते हुए सेवा और प्रेम के महत्व को भी कभी विस्मृत नहीं किया जाना चाहिए। आध्यात्मिकता का आशय सिर्फ अपनी आत्मा के साथ जुड़कर रहना ही नहीं, बल्कि अपने आस-पास के सभी जीवों के प्रति प्यार और सेवा की भावना रखना भी है। यह एक महत्वपूर्ण आध्यात्मिक सिद्धांत है जो हमें विश्व के साथ तारतम्य स्थापित करने में सहयोगी होता है और हमारे जीवन को पूर्णरुपेण सार्थक बनाने में सहायता करता है।

इस क्षेत्र में सेवा करने से अपनी आत्मशक्ति बढ़ती है और आपका जीवन उदाहरण के स्तर पर पहुंचता है जो आपके आस-पास के लोगों को प्रेरित करता है। यह आपके जीवन को उद्देश्यपूर्ण बनाता है और आपकी यात्रा को एक उद्देश्य युक्त मार्ग पर ले जाता है।

सेवा और प्रेम का आध्यात्मिक महत्व बहुत ही गहरा होता है और यह व्यक्ति को उसके आस-पास के सभी जीवों के साथ संबंध बनाने और सार्थक जीवन जीने में सहायता करता है। इससे मनुष्य की अपनी सोच एवं दूसरे प्राणियों के प्रति भावना परिष्कृत होती है।

इसी संदर्भ में एक कथा है जो जीवन में सेवा और प्रेम के आध्यात्मिक महत्व को दर्शाती है।

कुछ वर्ष पहले की बात है, एक शहर में 'रवि' नाम का एक युवक रहता था। वह प्रतिदिन प्रातः एक छोटे से पार्क में जाता था और वहां पक्षियों के लिए दाना और पानी ले जाता था। इससे वह इन पक्षियों को प्रसन्न रखना चाहता था।

रवि के इस काम को देखकर उसके मित्रों ने एक दिन उस पर हंसते हुए उससे पूछा, "तुम इन पक्षियों के लिए इतना सब क्यों करते हो ? इससे तुम्हें क्या प्राप्त होता है? ये तो बस पक्षी हैं।"

रवि मुस्कुराया और उसने कहा, "हाँ, यह पक्षी हैं, लेकिन यह भी भगवान की ही एक रचना हैं। मैं सिर्फ भगवान की संरचना से ही प्रेम कर रहा हूँ और इनकी सेवा कर रहा हूँ, ताकि वे प्रसन्न और सुरक्षित रहें।"

उसके मित्र तथा अन्य लोग उसकी इन बातों और सेवा भाव से बहुत प्रभावित हुए और वो भी धीरे-धीरे रवि के इस कार्य में उसके साथ जुड़ने लगे और पक्षियों की सेवा करने लगे। इससे इस प्रक्रिया में, उन्हें पक्षियों के जीवन के अहम तत्व भी समझ में आने लगे। इस प्रकार उनके इस सेवा कार्य की बढ़ोतरी होती चली गयी और वे लोग अपने आस-पास के अन्य प्राणियों के साथ भी संवेदनात्मक व्यवहार करने लगे।

कुछ वर्षों पश्चात, उन सभी के सम्मिलित प्रयास से इस पार्क में ही नहीं, बल्कि पूरे शहर में एक ऐसा साहसी संगठन बन गया जिसका उद्देश्य पक्षियों के प्रति सेवा भाव रखना, उनकी सुरक्षा और उनके प्राकृतिक पर्यावरण की सुरक्षा करना था। स्वर्ग का मार्ग का यह भी एक प्रकार का मर्म ज्ञान है, जो मनुष्य के सेवा भाव के कार्य में ही निहित है।

सेवा और प्रेम का महत्व आध्यात्मिक जीवन में हमें आत्मा केंद्रित होना एवं दूसरों के साथ सहयोग के प्रति जागरूकता बढ़ाता है। दुनिया के

साथ हमें एकता के साथ रहने और संतुलन स्थापित करने में महत्वपूर्ण भावना प्रदान करता है।

इससे व्यक्ति आध्यात्मिक सेवा के अतिरिक्त समाज सेवा का भी एक महत्वपूर्ण भाग बनता है। यह उसके सामाजिक योगदान को बढ़ावा देता है और इससे उसे दूसरों की सहायता करने का भी उत्साह एवं अवसर प्राप्त होता है।

इससे हमें आध्यात्मिक जीवन के साथ ही भौतिक जीवन में भी उन्नति का स्वर्णिम अवसर मिलता है और हम आध्यात्मिक जीवन में प्रगति के साथ ही उस दिशा में भी बढ़ने को प्रेरित और अग्रसर होते हैं जो हमें स्वर्ग के मार्ग की ओर ले जाता है।

आध्यात्मिक जीवन में, व्यक्ति अपने आध्यात्मिक गुरु की सेवा करने का प्रयास करता है। इससे उसे अपने गुरु के उपदेशों को प्राप्त करने और आत्मज्ञान के मार्ग पर चलने में सहायता प्राप्त होती है। आध्यात्मिकता व्यक्ति को अपने मित्रों और परिवार के साथ अधिक संवाद और समर्पण की भावना को विकसित करने में भी सहायता करती है। वह दूसरों के साथ बांटे गए प्यार और समर्पण के भाव से अधिक संतुष्टि और प्रसन्नता का अनुभव करता है। आध्यात्मिक तात्पर्य व्यक्ति को प्राकृतिक प्राणियों की सेवा करने की भावना से भर देता है। यह व्यक्ति को प्राकृतिक संरक्षण के माध्यम से अपने पर्यावरण को सही उपाय से देखने और समझने में भी सहायता करता है। आध्यात्मिकता ही व्यक्ति को उसकी अपनी आत्मा के साथ संतुलन बनाने में सहायता करती है, जिससे वह अपनी आत्मा को और अच्छी प्रकार से समझ सकता है और उसका बाहरी दुनिया के साथ अधिक बुद्धिमतापूर्ण और सहानुभूतिपूर्ण सामंजस्य स्थापित होता है।

विचार शुद्धि आध्यात्मिक और मानसिक विकास के क्षेत्र का एक महत्वपूर्ण भाग होता है, जिसका आशय होता है कि व्यक्ति को अपने मानसिक और आध्यात्मिक जीवन को शुद्ध करने के लिए अपने विचारों की पवित्रता या सफाई की दिशा में उन्मुख होना चाहिए।

विचार शुद्धि के माध्यम से व्यक्ति अपने मन की गंदगी, अशुद्ध विचारों और नकारात्मक भावनाओं से मुक्त होकर आत्मा के लक्ष्य की प्राप्ति की दिशा में आगे बढ़ सकता है। यह एक आंतरिक अद्वितीय प्रक्रिया होती है, जिसमें व्यक्ति अपने विचारों को जाँचता है, उन्हें समझता है और उन को मानसिक और आध्यात्मिक स्वास्थ्य के लिए उपयोगी बनाता है।

विचार शुद्धि का अभ्यास, ध्यान, मनन, मनोनिग्रह और साधना के माध्यम से किया जा सकता है। इसका मुख्य उद्देश्य नकारात्मक और अशुद्ध विचारों को छोड़कर सकारात्मक, शुद्ध और आध्यात्मिक विचारों को प्रोत्साहित करना होता है। यह व्यक्ति को मानसिक शांति, सकारात्मकता और आत्मा के साथ जोड़ने की दिशा में सहायता करता है। विचार शुद्धि का अभ्यास धीरे-धीरे किया जाता है और यह आत्मा के स्वरूप की गहरी समझ को प्राप्त करने का माध्यम भी हो सकता है। यह आत्मा की अनंत शक्तियों, ज्ञान और परमानंद को पहचानने की दिशा में सहायता कर सकता है और व्यक्ति को आध्यात्मिक स्वतंत्रता का अनुभव करने में भी उसकी सहायता कर सकता है।

इसके साथ ही मनुष्य में संयम भी एक महत्वपूर्ण आध्यात्मिक और मानसिक गुण है, जो स्वास्थ्य और आत्मिक विकास के लिए बहुत महत्वपूर्ण होता है। संयम का अर्थ होता है किसी भावना पर नियंत्रण बनाए रखना और अपने मन और इंद्रियों को नियंत्रण में रखने की क्षमता। यह

व्यक्ति को आत्मा के साथ साथ जीने में उसकी सहायता करता है और उसे अपने लक्ष्यों को प्राप्त करने में भी सहायक होता है।

संयम के भी तीन मुख्य अंश होते हैं। जैसे धारणा, ध्यान और समाधि। इस पर विषयान्तर्गत संक्षिप्त विवेचना ही उचित है।

संयम का प्रथम अंश है, धारणा (Concentration), जिसका अर्थ होता है मन को एक विशिष्ट विचार, विषय या आध्यात्मिक विचार पर केंद्रित करना। यह विचार को मन में एक स्थिर रूप से बनाए रखने की क्षमता को दर्शाती है।

दूसरा अंश है ध्यान (Meditation), जिसमें एक गहरी धारणा का विस्तार होता है, जिसमें मन को विशिष्ट विचार या आत्मा के अद्वितीय रूप की ओर ले जाने की क्षमता होती है। यह मन को शांत, साकारात्मक और संयमित बनाने में सहायता करता है।

इसका तीसरा अंश होता है समाधि (Mausoleum) समाधि एक गहरी आध्यात्मिक अवस्था होती है, जिसमें व्यक्ति अपने आत्मा के साथ पूरी तरह से एकाकार हो जाता है और वह अपनी अंतरात्मा को अपने भीतर अनुभव करता है। यह आत्मा की अद्वितीयता और अनंतता की अधिक गहरी जानकारी की दर्शाता है।

मुख्य रूप से संयम का अभ्यास, ध्यान, प्राणायाम और आत्मा की खोज में सहायता करता है और व्यक्ति को आत्मा के साथ जुड़ने और अंतर्मुखी बनने में उसके लिए सहायक होता है। यह आत्मा की प्राप्ति और स्वास्थ्य के लिए भी महत्वपूर्ण होता है और आध्यात्मिक विकास की दिशा में व्यक्ति को सहायता करता है।

इस सन्दर्भ में निष्काम भाव से किये गए कर्म का भी बहुत महत्व है। निष्काम कर्म, एक आध्यात्मिक और दार्शनिक अवधारणा है जिसे सदैव ही हिन्दू दर्शन और भारतीय धर्मों में महत्वपूर्ण स्थान दिया जाता है। इसका आशय होता है कि किसी क्रिया या कर्म को निष्काम भाव से करना अर्थात किसी कार्य को फल की चिंता किए बिना केवल कर्तव्य के रूप में करना।

निष्काम कर्म की मुख्य विशेषता यह होती है कि व्यक्ति किसी भी कार्य को सिर्फ कर्तव्य के रूप में ही करता है, बिना किसी प्रत्यक्ष फल की आशा किए। इसका उद्देश्य आत्मा के मार्ग में साधना, आत्मा की उन्नति और आत्मा के साथ संबंध स्थापित करना होता है, बिना किसी भी स्वार्थ या भगवान से फल की चाह किए।

निष्काम कर्म का सिद्धांत भगवत गीता में विस्तार से व्यक्त किया गया है, जिसमें भगवान कृष्ण अर्जुन से संवाद करते हैं। गीता में यह स्पष्ट रूप से बताया गया है कि व्यक्ति को कर्म करने का अधिकार है, लेकिन उसके कार्यों के परिणामों की चिंता नहीं करनी चाहिए। कर्मों को निष्काम रूप से करने से ही आत्मा का विकास होता है और व्यक्ति मोक्ष को प्राप्त होता है।

निष्काम कर्म का अर्थ होता है कि व्यक्ति अपने कर्मों को बिना किसी भी प्रकार के फल की चाह किये इन्हें सिर्फ ईश्वर के प्रति अपने समर्पण और निस्वार्थ प्यार के भाव के साथ करता है। इससे व्यक्ति आत्मा की मुक्ति की दिशा में बढ़ता है और उसे सांसारिक बंधनों से मुक्ति प्राप्त होती है।

स्वर्ग के मार्ग का स्थानीय महत्व

इस अध्याय में, हम देख सकते हैं कि स्वर्ग का मार्ग की अवधारणा केवल एक आध्यात्मिक सिद्धांत ही नहीं, बल्कि स्थानीय संस्कृति और धार्मिक परिप्रेक्ष्य से भी महत्वपूर्ण है।

प्राचीन कथाओं, धार्मिक ग्रंथों और लोकप्रिय धार्मिक विश्वासों में स्वर्ग एक परम सुखी और दिव्य स्थान के रूप में वर्णित किया गया है। उस स्वर्ग की प्राप्ति के लिए धार्मिक आचरण, नेक कर्म और ईश्वर की भक्ति महत्वपूर्ण माने गए हैं। विभिन्न संस्कृतियों और धर्मों में स्वर्ग को प्राप्त करने के लिए कई उपाय और मार्ग व्यक्त किए गए हैं, जिनमें स्वर्ग का मार्ग को प्राप्त करने की उत्कंठता एक महत्वपूर्ण भूमिका निभाती है।

स्वर्ग और स्वर्ग के मार्ग का स्थानीय महत्व विशेष रूप से भारतीय संस्कृति में दिखाई देता है। भारतीय संस्कृति एवं धर्मशास्त्रों में स्वर्ग तक पहुँचने या इस मार्ग पर चलने की विभिन्न संदर्भों में अपने मतानुसार व्याख्या की गई है, जिसका सारगर्भित अर्थ होता है कि स्वर्ग की प्राप्ति के लिए उस आचरण का पालन और उस मार्ग पर चलना आवश्यक है, जिसके परिणामस्वरूप मनुष्य को स्वर्ग की प्राप्ति होती है। यह मार्ग साधना, नेकी, ईश्वर प्रेम और धार्मिक आचरण पर आधारित होता है।

स्वर्ग के मार्ग के विषय का यह महत्व है कि यह लोगों को उनके कार्यों के परिणाम को समझाता है। यह एक साधना का मार्ग होता है जो व्यक्ति को नेक कर्मों की दिशा में प्रेरित करता है जिससे उन्हें आनंदमय और

उच्चतम स्थान की प्राप्ति हो सके। स्वर्ग अथवा स्वर्ग का मार्ग का महत्व यहाँ तक है कि यह व्यक्तियों को सामाजिक और नैतिक मूल्यों का पालन करने की प्रेरणा देता है, जिससे समाज में अच्छाई और न्याय की महत्वता बढ़ती है।

इसी तरह, स्वर्ग का मार्ग का स्थानीय महत्व सिर्फ धार्मिक दृष्टिकोण से ही नहीं, बल्कि नैतिकता, सामाजिक उन्नति और व्यक्तिगत विकास के लिए भी है। यह लोगों को सही मार्ग पर चलने के लिए प्रेरित करता है और उन्हें एक उच्चतम और उदात्त लक्ष्य की प्राप्ति के लिए प्रोत्साहित करता है।

इस प्रकार, इस का स्थानीय महत्व धार्मिक और नैतिक मूल्यों के साथ-साथ समाज की उन्नति और व्यक्तिगत प्रगति के लिए एक महत्वपूर्ण तत्व है। यह सिर्फ एक स्वर्गलोक की प्राप्ति की चरम उद्देश्यता से आगे बढ़ता है, बल्कि यह व्यक्तियों को सही मार्ग पर प्रेरित करने का भी कार्य करता है।

धार्मिक दृष्टिकोण से देखा जाए, स्वर्ग की प्राप्ति का मोह धार्मिक साधना के माध्यम से मानवता को ईश्वर की दिशा में आगे बढ़ने की प्रेरणा प्रदान करता है। यह व्यक्तियों को नैतिकता और उच्चतम मूल्यों की प्राथमिकता देने में सहायक होती है, जिससे समाज में सद्गुण प्रबल होते हैं। धार्मिक शिक्षाओं के अनुसार, अच्छे कर्मों के द्वारा व्यक्तियों को न केवल अपने आत्मा की महत्वपूर्णता का आभास होता है, बल्कि उन्हें उनके समाज में भी एक प्रामाणिक और उपयोगी सदस्य बनने के लिए प्रोत्साहित किया जाता है।

समाज के विकास और उन्नति के परिप्रेक्ष्य में भी स्वर्ग का महत्व बहुत अधिक होता है। यह समाज में सद्गुण, सहानुभूति और सद्भावना की

भावना को बढ़ावा देता है, जिससे समाज में समरसता और सामाजिक समृद्धि की स्थापना होती है। स्वर्ग का मार्ग विषय के उद्देश्य के प्रति व्यक्तियों की समाज सेवा में भागीदारी की भावना भी विकसित होती है, जिससे सामाजिक समस्याओं का समाधान होता है और समृद्धि की दिशा में कदम बढ़ते हैं।

व्यक्तिगत प्रगति के परिप्रेक्ष्य में भी, यह मानव जीवन को एक उद्देश्यपूर्ण दिशा में संचालित करता है। यह व्यक्तियों को उच्चतम मानवीय गुणों की प्राप्ति के लिए प्रोत्साहित करता है, जैसे कि साहित्य और कला क्षेत्र में अद्वितीयता, नैतिकता और समाज सेवा के माध्यम से।

इसके साथ ही, स्वर्ग का मार्ग व्यक्तियों को समाज में सकारात्मक परिवर्तन लाने के लिए भी प्रेरित करता है। यह समाज में सामाजिक जागरूकता, सामाजिक न्याय और सामाजिक समृद्धि की प्रेरणा देता है। स्वर्ग का मार्गके अवलोकन से व्यक्तियों को यह संदेश मिलता है कि उनके द्वारा किए गए नेक कर्म न केवल उनके आत्मा के उन्नति में सहायता करते हैं, बल्कि समाज को भी उनके सामर्थ्य और सहयोग की आवश्यकता है। संक्षिप्त रूप में, इस मार्ग का विचार ना केवल एक आध्यात्मिक उद्देश्य की प्राप्ति की दिशा में है, बल्कि यह मानवता के सभी पहलुओं–धार्मिक, नैतिक, सामाजिक और व्यक्तित्व के विकास को प्रोत्साहित करने में भी सहायता करता है। स्वर्ग या स्वर्ग का मार्ग का स्थानीय महत्व इसकी आदर्शवादिता को प्रकट करता है, जो व्यक्तियों को उच्चतम मानवीय मूल्यों की प्राप्ति के लिए प्रेरित करने का कार्य करता है।

एक समय की बात है, एक छोटे से गांव में एक बूढ़े बुजुर्ग आदमी रहा करते थे, उनका नाम रामदास था। रामदास बचपन से ही बड़े समृद्धि

और सफलता की ओर अग्रसर होने का सपना देखते थे, लेकिन उनकी परिस्थितियां उनके सपनों के अनुसार नहीं थी। वे निर्धनता के कारण संतुष्ट रहने का प्रयास करते थे, लेकिन सदैव अंतर्निहित सपनों से भरपूर रहते थे।

एक दिन, गांव में एक साधु आये। लोग साधु के पास जाकर आशीर्वाद प्राप्त करने लगे। उनके विषय में सुनकर रामदास भी उनके पास गए और आशीर्वाद मांगने लगे।

साधु ने रामदास की आंखों में देखकर उसके सपनों की बात समझ ली। उन्होंने रामदास से पूछा, "बेटा, तुम्हारे सपने क्या हैं ?"

रामदास ने गर्व से बताया, "स्वामी जी, मेरा सपना है कि मैं एक दिन समृद्धि की सीढ़ी पर चढ़कर अपने परिवार की सभी समस्याओं को समाप्त कर दूँ और सभी को प्रसन्न देख सकूँ।"

साधु एक पल तक रामदास की आँखों में देखते रहे और फिर हलके से मुस्कुराए, "तुम्हारे सपने सच हो सकते हैं, लेकिन समृद्धि की सीढ़ी पर चढ़ने के लिए तुम्हें नेकी, ईमानदारी और परिश्रम से भरपूर प्रयास करना होगा।"

साधु महाराज का प्रभाव ही था कि रामदास को उनकी बात का मर्म समझ में आ गया और उसने कहा, "हाँ, महाराज ! आपका कथन पूर्णतया सही है। हमें अपने सपनों की पूर्ति के लिए कठिनाइयों का सामना करना ही पड़ता है।" रामदास ने भी साधु के विचारों से अपनी सहमति जताई और भविष्य में उसी के अनुरूप चलने का निर्णय लिया।

रामदास की आँखों में आशा की एक नयी किरण उत्पन्न हो गयी। मानों उसे और संजीवनी प्राप्त हो गई थी। उसने साधु से आशीर्वाद प्राप्त

किया और उनके उपदेशों का पालन करने का संकल्प लिया। वह परिश्रम और ईमानदारी से काम करता रहा और अपने ख्वाबों की प्राप्ति के लिए कठिनाइयों का सामना किया। धीरे-धीरे, उसने अपने परिवार की सभी समस्याओं को हल कर लिया और उन्हें प्रसन्न देखने का उसका सपना पूर्ण हो गया।

स्वर्ग का मार्ग के उच्च स्तर

'स्वर्ग का मार्ग के उच्च स्तर' एक यात्रा है जो हमें सफलता, समृद्धि और आत्म-उन्नति की दिशा में आगे बढ़ने के लिए प्रेरित करती है। यह यात्रा हमें आत्मज्ञान, साधना, सेवा, संयम, निष्काम कर्म और शुद्ध विचारों के माध्यम से अपनी आत्मा के साथ एक संगति का अनुभव कराती है। इसके माध्यम से हम अपने जीवन को एक उद्देश्यपूर्ण, सच्चे सुख से भरपूर और उच्च स्तरीय मानवीय मानसिकता की दिशा में परिवर्तित हो सकते हैं। इसका पालन करके हम स्वर्ग का मार्ग तक पहुंचने की अपनी आध्यात्मिक यात्रा को पूर्ण कर सकते हैं।

उच्च स्तर पर पहुंचने के लिए आपसी सहयोग और सेवा की भावना अत्यधिक महत्वपूर्ण है। यह न केवल आपकी स्थिति को समृद्ध करती है, बल्कि आपकी आत्मा को भी आनंद और समृद्धि का आभास कराती है। सहयोग और सेवा से आप अपनी आत्मा को समृद्धि की भावना से भर देते हैं, जिससे आप आत्म-संवाद की ओर कदम बढ़ाते हैं।

इस यात्रा में, स्वाधीनता, सच्चे उद्देश्य, आत्म-संवाद, सहयोग और सेवा के सिद्धांत हमें उच्चतम स्तर पर पहुंचने में सहायता करते हैं। स्वाधीनता की प्राप्ति स्वर्ग की सीढ़ी के उच्च स्तर पर पहुंचने का पहला कदम है। आपकी मानसिकता, विचार और कार्यों की स्वायत्तता और निर्णयों की क्षमता होती है। आप स्वयं अपने जीवन के निर्णय लेते हैं और अपने सपनों को पूरा करने के लिए स्वतंत्र रूप से काम करते हैं।

जब हम पूर्ण रूप से इन सिद्धांतों का पालन करते हैं, तो हम अपने जीवन को एक नये आयाम की ओर ले जाते हैं, जो हमारी आत्मा के संवाद से भरा होता है और हमें अपने उद्देश्य की प्राप्ति की दिशा में अग्रसर करता है। इस प्रकार, हम स्वर्ग का मार्ग के उच्च स्तर पर पहुंचने का संविधान से पालन करते हुए, अपनी यात्रा को एक उत्कृष्ट और प्रेरणादायक परिप्रेक्ष्य में पूरा कर सकते हैं।

मानव जीवन का उद्देश्य सफलता और प्रसन्नता की प्राप्ति होती है। इस यात्रा में, हम अपनी कठिनाइयों, संघर्षों और मान्यताओं से लड़ते हैं, ताकि हम आत्म-संवाद की ओर बढ़ सकें। स्वर्ग का मार्ग एक ऐसी तस्वीर है जिसे हम सफलता, प्राप्ति और अद्वितीयता के स्तर की दिशा में प्राप्त करने के रूप में प्रतिष्ठित करते हैं।

उच्च स्तर पर पहुंचने के लिए आपको अपने जीवन के सच्चे उद्देश्य की पहचान करनी होती है। सच्चे उद्देश्य का पता चलने पर आपको अपनी यात्रा में महत्वपूर्ण दिशा मिलती है और आप अपने कार्यों को उन उद्देश्यों की प्राप्ति की ओर ले जाते हैं।

सच्चे उद्देश्य की पहचान आपको अपने स्वयं को और अधिक समझने में सहायता करती है। आपके सच्चे उद्देश्य आपके मूल्यों, रुचियों और सपनों के साथ जुड़े होते हैं और आपको अपने आप को श्रेष्ठतर ढंग से समझने में आपकी सहायता करते हैं।

सच्चे उद्देश्य की पहचान आपको वो कार्य और लक्ष्य प्राप्त करने में सहायता करती है जो जीवन में आपके लिए सबसे महत्वपूर्ण हैं। इससे आपको अपनी प्राथमिकताओं को स्पष्ट रूप से सीखने और व्यक्तिगत और

व्यावसायिक जीवन को संतुलित रूप से बनाने में सहायता प्राप्त होती है।

सच्चे उद्देश्य की पहचान आपके जीवन को महत्वपूर्ण और संतुलित बनाने में सहायता कर सकती है और आपको आपके लक्ष्यों की प्राप्ति की दिशा में प्रेरित कर सकती है।

सच्चे उद्देश्य की पहचान आपको आपकी यात्रा के लक्ष्य की स्पष्टता में सहायता करती है। यह आपको उन कदमों की दिशा में मार्गदर्शन प्रदान करती है जो आपको अपना अपेक्षित लक्ष्य प्राप्त करने में सहायता कर सकते हैं।

सच्चे उद्देश्य की पहचान आपको आपकी आत्मिक और शारीरिक सामर्थ्य को समझने में सहायता करती है। यह आपको वो कार्य करने के लिए मार्गदर्शन प्रदान करती है जिन में आप सबसे अच्छे हैं और जो आपको सबसे अधिक संतुष्टि और समृद्धि देते हैं।

सच्चे उद्देश्य की पहचान यात्रा के मध्य आपको प्रेरणा देती है। अपने उद्देश्य की पहचान आपके जीवन को महत्वपूर्ण और सार्थक बनाती है और आपको अपने लक्ष्यों की प्राप्ति की दिशा में बढ़ने में सहायक होती है। इससे आपके आत्मविश्वास को बढ़ावा और जीवन के उद्देश्य को पूरा करने के लिए प्रोत्साहन मिलता है।

अपने उद्देश्य की प्राप्ति के लिए स्वयं को आत्म-प्रेरणा (Self-motivation) से प्रेरित करें। यह आत्म –प्रेरणा आपको आपके उद्देश्य के प्रति उत्साहित करेगी और आपकी यात्रा के मध्य प्रेरणा देगी।

अपने स्वयं को समझने के लिए आत्म-जागरूकता (Self-awareness) का विकास करें। यह आपको आपके पास क्या है और आपके जीवन में क्या महत्वपूर्ण है, इसकी स्पष्टता प्रदान कर सकता है।

अपने उद्देश्यों को स्पष्ट और मापनीय रूप में निर्धारित करें। उनकी प्राप्ति के लिए लक्ष्य का निर्धारण करें। यह आपको यात्रा के मध्य आपके पास क्या प्राप्त करने की आवश्यकता है, इसकी समझ में सहायता करेगा।

अपने उद्देश्य को पूरा करने के लिए आवश्यक सूचनायें, योजनाएं और समय-सारणी बनाई जानी चाहिए। एक अच्छा संगठन (Organization) आपकी प्रगति को निरंतर ट्रैक करने में आपकी सहायता कर सकता है।

अपने उद्देश्य को पूरा करने के लिए सहायता और मार्गदर्शन (Support and Guidance) की तलाश करें। यदि आपके सच्चे उद्देश्य को प्राप्त करने में कठिनाइयों का सामना होता है, तो इसके लिए आप विशेषज्ञों और मार्गदर्शकों से सहायता ले सकते हैं।

अपने जीवन के महत्वपूर्ण समय में आप निरंतर स्वाध्याय (Self-reflection) करें। यह आपको आपके उद्देश्य के प्रति अधिक संवेदनशील और समर्थ बनाएगा।

आत्म-संवाद, अपने आप से संवाद करने की कला है। यह आपको आपकी आत्मा की गहराइयों में जाने, अपने भीतर कीभावनाओं और विचारों को समझने और स्वयं को समर्थन देने की क्षमता प्रदान करता है।

यह एक आध्यात्मिक अनुभव भी हो सकता है जो आपको आत्मा

की अनन्तता और एकता की ओर प्रवृत्त करता है।

आत्म-संवाद के माध्यम से, आप अपने जीवन के उद्देश्य, मूल्यों और प्राथमिकताओं को स्पष्ट रूप से समझ सकते हैं। यह आपको अपने स्वयं की महत्वपूर्णता की ओर प्रवृत्त करता है और आपकी यात्रा की महत्वपूर्ण परिकल्पनाओं को पुनरावलोकन करने में सहायता करता है।

किसी भी संस्कृति या धार्मिक धारणा में, स्वर्ग का मार्ग के उच्च स्तर' का आशय आत्मा के आध्यात्मिक विकास और मुक्ति की प्राप्ति होती है। यह एक अद्वितीय अनुभव है जिसमें आत्मा आपूर्ति, शांति और आनंद की स्थिति में पहुंचती है।

आध्यात्मिक साहित्य में, इस विषय को उच्च स्तर' को आत्मा की पूर्णता की प्रतीक के रूप में दर्शाया गया है। इसका आशय है कि आत्मा को अपनी आध्यात्मिक यात्रा में अपने सबसे उच्च परिपूर्ण रूप में विकसित किया जा सकता है। इस यात्रा में, आत्मा को अपने आप को अन्याय, अहंकार और अविद्या के बंधनों से मुक्त करने की आवश्यकता होती है।

यह सीढ़ी सिर्फ आत्मा के आध्यात्मिक विकास को ही नहीं दर्शाती, बल्कि, उसके साथ-साथ समाज और पर्यावरण के साथ भी संवाद और संबंध बनाने की प्रक्रिया को दर्शाती है। यह सिर्फ आत्मा के आंतरिक उद्देश्यों को पूरा करने का माध्यम ही नहीं होती, बल्कि इससे उसे समाज में सहयोगी, सजीव और सद्गुणी बनाने का भी उपकरण मिलता है।

इस प्रकार, 'स्वर्ग का मार्ग के उच्च स्तर' का महत्वपूर्ण अर्थ यह है कि हमें आत्मा के साथ-साथ अपने आस-पास के संबंधों को भी सुधारने और सहदय बनाने का प्रयास करना चाहिए। इसके माध्यम से ही हम आध्यात्मिक उन्नति की सीढ़ी के उच्च स्तर की प्राप्ति कर सकते हैं।

एक समय की बात है, एक गांव में एक बुढ़िया रहती थी जिसका नाम अनंती था। वह बहुत ही सामान्य और सद्गुणी महिला थी, जिसकी आदत थी कि वह प्रतिदिन प्रातः सवेरे गांव के मंदिर में पूजा करने जाती थी।

एक दिन उसके मन में एक विचार उठा- 'क्या सचमुच मुक्ति पाने के लिए कोई विशेष कदम उठाना पड़ता है ?' वह इस प्रश्न का उत्तर जानने के लिए अपने गुरु जी के पास गई।

"गुरु जी ! क्या यह सच है कि हमें मुक्ति पाने के लिए कोई विशेष कदम उठाना पड़ता है?"

"हाँ ! अनंती ! हमें मुक्ति प्राप्त करने के लिए प्रयास करना ही पड़ता है" कहते हुए गुरुजी ने उसे एक किताब दी और कहा, "इसके मार्गदर्शन के लिए अनंती मैं तुम्हें इस किताब के रूप में यह एक अमूल्य उपहार देता हूँ। यह किताब स्वर्ग का मार्ग के उच्च स्तर' के विषय में है। यह तुम्हारी सम्पूर्ण जिज्ञासा का समाधान करेगी।"

अनंती ने उनसे किताब ले ली और उसे नियमानुसार पढ़ना आरम्भ कर दिया। इससे उसने जाना कि इस पुस्तक में दिए गए ज्ञानोपदेश के उच्च स्तर का आशय आत्मा के आध्यात्मिक विकास से है। वह जान गई कि मुक्ति पाने के लिए आत्मशुद्धि, सद्गुण और अन्याय से दूर रहने की आवश्यकता होती है।

तब अनंती ने गुरुजी से कहा, इसके लिए मेरा उचित मार्गदर्शन कीजिए।"

इस पर गुरुजी ने उसे उपदेश देते हुए कहा, "अनंती ! तू अपने

नित्य के कार्यों के माध्यम में भी भगवान की पूजा कर। दूसरों की सहायता किया कर। इस प्रकार तू दोषरहित आचरण अपनाकर अपने सत्कर्मों से इस अवस्था के उच्च स्तर तक पहुँच सकती है।"

गुरुजी के उपदेश से अनंती पर अपेक्षित प्रभाव पड़ा और उसने इसी प्रकार के आचरण को अपनाने का निर्णय लिया। उसने गुरुजी को सादर प्रणाम किया तथा वापस लौट आई।

इसके पश्चात अनंती ने गुरुजी के दिए गए उपायों का पालन करना आरम्भ कर दिया और अपने जीवन को एक नये दृष्टिकोण के अनुसार ढाल लिया। उसने अपने सभी कार्यों को ईश्वर की भक्ति, समर्पण और और पूजा में परिवर्तित कर दिया। वह सदैव ही दूसरों की सहायता करने में तत्पर रहती थी और सभी के साथ निष्ठा व प्रेम का व्यवहार करती थी। इस प्रकार उसकी ईमानदारी, सहयोगिता और निःसंशय आचरण की भावना ने उसकी आत्मा को प्रगति का मार्ग दिखाया। उसकी यह साधना ही उसकी आत्मिक स्थिति को सबल बनाने में उसकी सहायक प्रमाणित हुई और एक दिन उसे आत्मिक ज्ञान के उच्चतम स्तर पर ले गई।

इस प्रकार, अनंती ने प्रेरक ज्ञान के उच्च स्तर को प्राप्त करने के लिए आत्मशुद्धि, सद्गुण और निःसंशय आचरण के माध्यम से अपनी आत्मा को पूर्णता की ओर ले जाने का मार्ग अपनाया। इससे यह स्पष्ट होता है कि सच्ची आत्मशुद्धि और आध्यात्मिक उन्नति के लिए हमें अपने कार्यों में नेक भावनाओं के साथ दोषरहित रूप से प्रामाणिकता बनाने का प्रयास करना चाहिए।

स्वर्ग का मार्ग और धर्म

मानव जीवन में धार्मिकता का महत्व सदैव से ही माना गया है। धर्म केवल एक श्रद्धांजलि या पूजा की प्रथा नहीं है, बल्कि यह आत्मा के उद्देश्य की प्राप्ति और सद्गति के लिए एक मार्गदर्शन है। इसी प्रकार, स्वर्ग का मार्ग भी एक धार्मिक परंपरा का भाग है जिसका आशय होता है आत्मा के आध्यात्मिक विकास की दिशा में प्रयास करना।

धर्म का तात्पर्य आत्मा के उद्देश्य के साथ होता है, जिसमें व्यक्ति का आत्म-साक्षात्कार, अच्छे कर्म, सत्यनिष्ठा और सामाजिक न्याय के प्रति प्रतिबद्धता सम्मिलित होती है। स्वर्ग का मार्ग के विषय के अंतर्गत भी यही सिद्धांत आता है, जहां आत्मा की मुक्ति और आध्यात्मिक विकास के लिए नेत्र-शास्त्र और आचार्यों के उपदेशों का पालन किया जाता है।

धर्म और स्वर्ग के मार्ग के बीच गहरा संबंध होता है। धर्म से मानव जीवन में दिशा मिलती है और इससे उस दिशा को प्राप्त करने का मार्ग प्रदान करती है। एक व्यक्ति जो धर्म के मार्ग पर चलता है, वह सद्गुणों का पालन करता है, जैसे कि सत्य, अहिंसा, दया, करुणा आदि। इस प्रकार का आचरण करने से उसकी आत्मा व्यक्ति को नेक कर्मों की दिशा में प्रेरित करती है।

स्वर्ग के मार्ग के उच्च स्तर का आशय आत्मा के आध्यात्मिक विकास और मुक्ति की प्राप्ति होती है। धार्मिकता के माध्यम से व्यक्ति आत्मा

को उच्चतम स्तर तक पहुँचाता है, जिससे उसकी आत्मा की पूर्ति और शांति होती है। स्वर्ग का मार्ग और धर्म दोनों ही आत्मा के उद्देश्य की प्राप्ति की दिशा में मार्गदर्शन करते हैं, जिससे व्यक्ति अपने जीवन को एक उद्देश्यपूर्ण और परम ग्रहणीय उपाय से जी सकता है।

संक्षेप में, स्वर्ग का मार्ग और धर्म दोनों ही मानव जीवन के उद्देश्य की प्राप्ति और आत्मा की उन्नति के लिए महत्वपूर्ण हैं। यह दोनों मार्ग व्यक्ति को आत्मा की आदर्श अवस्था की दिशा में पहुँचाने में सहायता करते हैं। स्वर्ग का मार्ग मनुष्य को ध्यान और आध्यात्मिक अभ्यास की दिशा में जाने का मार्ग प्रदान करती है, जिसके माध्यम से व्यक्ति आत्मा की पूर्णता की ओर बढ़ सकता है। धर्म और स्वर्ग का मार्ग के संग्रहित अस्तित्व से, व्यक्ति आत्मा के साथ एक समर्पित संबंध बना सकता है, जिससे उसकी आत्मा की आध्यात्मिक उन्नति हो सके।

धर्म और स्वर्ग का मार्ग ना केवल आत्मा के उद्देश्य की प्राप्ति के लिए महत्वपूर्ण हैं, बल्कि ये व्यक्ति को उसके सामाजिक और आध्यात्मिक पर्यावरण में एक उद्दीपक के रूप में भी काम करते हैं। इन मार्गों से व्यक्ति सामाजिक न्याय, उच्च मानकों का पालन और अच्छे सत्य, न्याय और प्रेमपूर्ण जीवन जीने के लिए प्रेरित करते हैं।

इस संदर्भ में, हम इस विचार तक तक पहुँचते हैं कि 'स्वर्ग की सीढ़ी' की ओर उन्मुखता और धर्म दोनों ही मानव जीवन का आदर्श दिशा में आगे बढ़ाने में महत्वपूर्ण भूमिका निभाते हैं। ये दोनों मार्ग आत्मा की उन्नति, पूर्णता और आदर्श अवस्था की प्राप्ति के लिए एक श्रेष्ठ माध्यम होते हैं, जिससे व्यक्ति अपने जीवन को एक उद्देश्यपूर्ण और उच्चतम स्तर पर यापन कर सकता है।

एक समय की बात है, एक छोटे से गांव में एक साधु बाबा आए। वह बाबा गांव के लोगों के बीच आत्म-ज्ञान और धर्म के विषय में उपदेश देने के लिए आए थे। उनके आगमन से गांव में एक प्रकार की अद्वितीय सात्विकता का साम्राज्य स्थापित हो गया।

साधु बाबा ने गांव के लोगों को धर्म के महत्व का उपदेश दिया और उन्हें यह सिखाया कि जीवन में सत्य, अहिंसा, सहानुभूति और दया का पालन कैसे करना चाहिए। उनके उपदेशों ने गांव के लोगों को बहुत प्रभावित किया और उन्हें एक नये दृष्टिकोण से जीने की प्रेरणा दी।

साधु बाबा के आगमन के पश्चात, गांव का एक युवक नामदेव उनसे मिलने के लिए उन के पास गया। वह युवक बहुत ही निष्ठापूर्ण, समर्पित और ईमानदार था, लेकिन वह कुछ विचलित प्रवृत्ति का था और उसकी आत्मा में कुछ अनिश्चितता थी। उसने साधु बाबा से मिलकर उनसे पूछा, "बाबा जी, मैं जीवन में सही मार्ग पर चल रहा हूँ या नहीं, इसका पता मुझे कैसे चल सकता है?"

साधु बाबा ने उस युवक को एक कठपुतली दिखाई और कहा, "बेटा, देखो ये एक कठपुतली है। यदि तुम इसे ऊपर देखोगे, तो ये तुम्हें उसकी सीधी दिशा में दिखेगी, लेकिन यदि तुम इसे नीचेदेखोगे, तो ये तुम्हें उसकी उलटी दिशा दिखेगी। यह मनुष्य के अपने सोच विचार तथा दृष्टिकोण पर निर्भर करता है। इसके लिए मनुष्य की विचार भावना का होना आवश्यक है। तभी उसे उसके जीवन में सन्मार्ग की प्राप्ति हो सकती है और वह सही दिशा में आगे बढ़ सकता है।"

युवक ने बाबा के उपदेश को भली भाँति से समझ लिया और अपनी आत्मा की प्रगति की दिशा में उसने एक नया दृष्टिकोण प्राप्त किया।

उसने ध्यान पूर्वक अपनी दिनचर्या का अवलोकन करना और अपने कार्यों को समझना आरम्भ कर दिया। इससे उसे इस बात का पता चला कि वह अपनी दिनचर्या में किस प्रकार से सत्य, अहिंसा और सद्गुणों का पालन कर रहा है।

इससे धीरे-धीरे, उसकी आत्मा में सुख और शांति की भावना बढ़ने लगी और वह समझने लगा कि वह स्वर्ग का मार्गकी ओर बढ़ रहा है। उसके सद्गुणी और नेक कर्मों से उसकी आत्मा उसे इस मार्ग में उन्नति के उच्चतम स्तर तक ले जा रही थी, जिससे उसकी आत्मा को शांति और संतोष की प्राप्ति हो गई।

इस प्रकार, साधु बाबा के उपदेश ने उस युवक को धर्म की महत्वपूर्णता समझाई और उसने स्वर्ग का मार्ग के माध्यम से आत्मा की उन्नति की दिशा में कदम बढ़ाया। धर्म और आत्मा के उद्देश्य की प्राप्ति के लिए किसी भी परिस्थिति में मनुष्य को सदैव सहृदय होने की आवश्यकता होती है। यह एक प्रेरणा स्रोत के रूप में कार्य करते हैं, जो व्यक्ति को जीवन में उच्चतम आदर्शों की ओर प्रेरित करते हैं। उस युवक ने साधु बाबा के उपदेशों को समझा और उनका पालन करते हुए व्यक्तिगत और आध्यात्मिक उन्नति की प्राप्ति की, जिससे उसकी आत्मा को सच्चे आनंद और पूर्णता की अनुभूति हुई।

इस से हमें इस बात का पता चलता है कि धर्म और आत्मा के उद्देश्य की प्राप्ति के लिए मनुष्य को सहृदयता और समर्पण के भाव की आवश्यक होती है। व्यक्ति को चाहिए कि वह समाज में एक उच्च नैतिक मानकों के साथ जीवन जिये और अपने कार्यों में सदैव ही सदगुणों का पालन करे।

स्वर्ग का मार्ग या आत्मा की उन्नति की दिशा में बढ़ने के लिए व्यक्ति को स्वयं के जीवन के आदर्शों के लिए सम्पूर्णता से समर्पित करना चाहिए और अपने कर्मों में नेकी और उद्देश्य की पूर्ति का मार्ग अपनाना चाहिए।

इस प्रकार, साधु बाबा के उपदेश ने उस युवक को धर्म और आत्मा के महत्व की प्राचीन परंपराओं के साथ अवगत कराया और उसकी आत्मा की प्रगति की दिशा में एक सकारात्मक कदम बढ़ाया। इस प्रसंग से हमें यह देखने को मिलता है कि धर्म और आत्मा के उद्देश्य की प्राप्ति के लिए हमें सदैव सहृदयता और समर्पण के साथ काम करना चाहिए, चाहे हमारे सामने जीवन कितनी भी चुनौतियों से भरा हो। मनुष्य को कभी भी साहस और संयम से विमुख नहीं होना चाहिए।

स्वर्ग के मार्ग की पूर्णता

स्वर्ग का मार्ग एक ऐतिहासिक और धार्मिक प्रतीक है, जिसका अनगिनत धार्मिक और शास्त्रीय ग्रंथों में उल्लेख किया गया है। यह सीढ़ी उन मार्गों को प्रदर्शित करती है जो मनुष्य को आत्म विकास और आध्यात्मिक प्रगति की राह की ओर अग्रसर करते हैं।

इस सारगर्भित पुस्तक के इस लेख में, हम इस शीर्षक के अन्तर्गत इसके विभिन्न पहलुओं पर विचार करते हैं। स्वर्ग का मार्ग विषय की पूर्णता का अर्थ यहाँ दो अंशों में विभाजित किया जा सकता है: व्यक्तिगत पुरुषार्थ और आध्यात्मिक प्रगति।

व्यक्तिगत पुरुषार्थ का महत्व है। सीढ़ी पर चढ़ने के लिए प्रत्येक कदम प्रगति की दिशा में होना चाहिए। हमारे जीवन में सफलता पाने के लिए हमें परिश्रम, समर्पण, उत्साह और संघर्ष की आवश्यकता होती है। यह सभी गुण सीढ़ी के प्रत्येक चरण पर होने चाहिए ताकि हम ऊँचाइयों की ओर बढ़ सकें।

दूसरा, आध्यात्मिक प्रगति का महत्व है। सीढ़ियां चढ़ते समय हमें अपनी आत्मा के साथ संवाद स्थापित करना चाहिए। आध्यात्मिकता के माध्यम से हम अपनी आत्मा की महत्वपूर्ण अद्वितीयता को समझ सकते हैं और अपने जीवन को एक उद्देश्यपूर्ण दिशा में ले जा सकते हैं।

इस प्रकार, स्वर्ग के मार्ग की पूर्णता' ना केवल एक धार्मिक चिन्ह

है, बल्कि हमारे लिए एक प्रकार का उत्प्रेरक भी है। यह हमें व्यक्तिगत और आध्यात्मिक दोनों प्रकार की प्रगति की महत्वपूर्णता के विषय में बताता है। इसे अपने जीवन में अपनाकर हम अपने लक्ष्यों की प्राप्ति की ओर एक पवित्र यात्रा पर अग्रसर हो सकते हैं।

एक बार की बात है, एक गांव में एक बूढ़े बुजुर्ग आदमी रहा करते थे। उनका नाम धर्मराज था। उनके पास कोई बहुत अधिक धन दौलत नहीं थी, लेकिन वह भगवान पर पूर्ण विश्वास करते थे और उनका मन विचार शुद्ध था। वह पूजा पाठ करते थे और उनका मन पूर्णतया आध्यात्मिकता की ओर उन्मुख था।

धर्मराज ने एक दिन सोचा कि वह गांव के बच्चों के लिए एक ऐसे पाठ्य केंद्र की स्थापना करेंगे, जहां बच्चों को जीवन में नैतिक मूल्यों को सीखने का अवसर मिल सके। इसके लिए वह एक छोटे से कमरे को ही बड़े पैमाने पर परिवर्तित करने के प्रयास में निरंतर लगे रहे। उनके इस प्रकार के मानवता की भलाई और उसके उत्थान के प्रयास को भी एक ऐसा प्रयास कहा जा सकता है जो उन्हें स्वर्ग के मार्ग की ओर ले जाता है।

कई दिनों के परिश्रम के पश्चात, एक दिन उन्हें ऐसा ही कुछ आभास भी हुआ। उन्हें लगा कि जैसे वह 'स्वर्ग की सीढ़ी' के समीप पहुँच गए हों। उन्होंने धार्मिक ग्रंथों में इसके विषय में सुना तो बहुत था, किन्तु सच में वह इसे इस समय ही देख रहे थे। वह सीढ़ी पर चढ़कर ऊपर की ओर देखने लगे और उन्हें इस बात का आभास होने लगा कि वह स्वर्ग की ओर जा रहे हैं।

इस अनुभव से उन्होंने इस यात्रा के पहले पड़ाव पर नैतिकता की महत्वपूर्णता को सीखा। दूसरे पड़ाव पर तपस्या और साधना की

महत्वपूर्णता को समझा और तीसरे पड़ाव पर, उन्होंने समाज सेवा और दया के मार्ग पर चलने की महत्वपूर्णता की आवश्यकता को समझा और सीखा।

इस प्रकार धर्मराज ने धीरे–धीरे हर पड़ाव के साथ स्वर्ग के मार्ग को एक प्रतीक के रूप में समझा और उसे पढ़ना सिखाया। उनका सीखने का केंद्र एक आध्यात्मिक और नैतिक उत्कृष्टता का प्रतीक बन गया। धर्मराज ने यह सिखाया कि स्वर्ग का मार्ग के विषय में पूर्ण ज्ञान के होने के साथ ही इसे प्राप्त किया जा सकता है। इसकी प्राप्ति पूर्णता व्यक्तिगत पुरुषार्थ और आध्यात्मिक प्रगति के सामंजस्य के साथ ही संभव है।

इस प्रसंग से हमें इस बात का भी पता चलता है कि जीवन में सफलता के लिए हमें बहुत सी कठिनाइयों का सामना करना पड़ सकता है, किन्तु सही मार्ग और उच्च मूल्यों के साथ ही हम समृद्धि और सफलता की ओर अग्रसर हो सकते हैं।

स्वर्ग का मार्ग और व्यक्तिगत विकास

पुस्तक के इस भाग में हम देख सकते हैं कि स्वर्ग का मार्ग के अनुसरण से कैसे व्यक्ति का आत्म विकास हो सकता है और वह अपने जीवन को सफलता की दिशा में कैसे अग्रसर हो सकता है।

मनुष्य जीवन की यात्रा उत्कृष्टता और सफलता की ओर बढ़ने की प्रेरणा से भरपूर होती है। अपने आप को और अपने आसपास के जीवन को श्रेष्ठतर बनाने की चाहत ने उसे नए और उच्चतम मानवीय गुणों की खीज में प्रेरित किया है। इसी उद्देश्य की भाँति, धार्मिक और आध्यात्मिक परंपराओं में स्वर्ग के मार्ग का भी एक महत्वपूर्ण स्थान है। यह ना केवल आध्यात्मिक उन्नति की दिशा में हमें प्रेरणा प्रदान करती है, बल्कि हमारे लिए हमारे व्यक्तिगत विकास के मार्ग को भी प्रशस्त करती है।

'स्वर्ग का मार्ग' का एक भाव यह भी है कि व्यक्ति को उच्चतम और पावन स्थिति की प्राप्ति के लिए सदैव ही नेक कर्मों का पालन करना चाहिए। यह सीढ़ी हमें यह भी याद दिलाती है कि हमारे जीवन में सफलता और उत्कृष्टता की प्राप्ति बिना नेक कर्मों और उच्च मानवीय गुणों के साथ संभव नहीं है। यह व्यक्ति को नेक आचरण और सद्गुणों की दिशा में अग्रसर होने का मार्ग प्रदान करती है, जिससे उसका व्यक्तिगत विकास समृद्धि की दिशा में आगे बढ़ सके।

व्यक्तिगत विकास मनुष्य जीवन में स्थिर और निरंतर प्रक्रिया है, जो व्यक्ति को उसकी क्षमताओं की पहचान करने, सामाजिक और नैतिक

मूल्यों का पालन करने और स्वयं को पूर्णता की दिशा में उन्नत करने के मार्ग में उसकी सहायता करती है।

स्वर्ग का मार्ग यहाँ पर मनुष्य के लिए एक मार्गदर्शक की भूमिका को निभाती ही है, बल्कि, सफलता और उच्चतम अवस्था की प्राप्ति के लिए व्यक्ति को नेक कर्मों और सद्गुणों का अनुसरण करने के लिए भी प्रेरित करती है।

व्यक्तिगत विकास और स्वर्ग का मार्ग का आपसी संबंध बहुत गहन और महत्वपूर्ण होता है, क्योंकि ये दोनों प्रक्रिया ही हमें अपने जीवन को एक उद्देश्यपूर्ण और प्रामाणिक मार्ग में दिशा निर्देश करने में सहायता करती हैं।

स्वर्ग का मार्ग धार्मिक और आध्यात्मिक परंपराओं में व्यक्तिगत विकास के लिए एक महत्वपूर्ण सिद्धांत है, जो हमें सदैव ही नेक कामों की महत्वपूर्णता को समझाता है। इसका अर्थ यह नहीं कि सिर्फ हमें आनंदमय जीवन जीने की ही आशा रखनी चाहिए, बल्कि यह हमें अपने कर्मों की गहराइयों में उतर जाने के लिए भी प्रेरित करता है। यह हमें सही मार्ग पर चलने और सद्गुणों की प्राप्ति करने की प्रेरणा प्रदान करता है, जो हमारे व्यक्तिगत विकास के लिए बहुत महत्वपूर्ण हैं। यह हमारे जीवन में हमारे लिए एकमात्र लक्ष्य का स्वरूप भी है।

'व्यक्तिगत विकास मनुष्य के लिए एक एक सामर्थ्य और संवाद की प्रक्रिया है, जो हमें अपनी पूरी संभावना को पहचानने, विकसित करने और उसे उच्चतम स्तर तक ले जाने की प्रक्रिया में सहायता करती है। इस के सिद्धांत के अनुसार, हमें नेक कामों के माध्यम से ही सद्गुणों की प्राप्ति करने का प्रयास करना चाहिए, जैसे कि दया, दानशीलता और सच्चाई। ये

ऐसे सद्गुण हैं जो हमें सदैव ही सही दिशा में आगे बढ़ने के लिए दिशा निर्देश करते हैं तथा प्रेरित करते हैं, जो व्यक्तिगत विकास के मार्ग पर चलते हुए हमें साहस और प्रेरणा के साथ प्रसन्नता भी प्रदान करते हैं।

स्वर्ग का मार्ग के प्रति हमारी सोच एवं विचार भावना हमें एक मार्गदर्शन प्रदान करती है, जिससे हम निरंतर सफलता की दिशा में अग्रसर हो सकते हैं। इससे यह भी प्रकट होता है कि सफलता हमें नेकी और सद्गुणों के परिणामस्वरूप ही प्राप्त होती है, जैसे कि दया, करुणा, सच्चाई और ईमानदारी। सफलता का यह मार्ग न केवल हमें या आपको बल्कि आसपास के दूसरे लोगों को भी प्रभावित करता है और हमें एक सामाजिक और नैतिक मानक के रूप में उच्चतम शिखर की ओर ले जाता है।

इसी प्रकार, व्यक्तिगत विकास में भी नेकी, ईमानदारी और परिश्रम का बहुत महत्वपूर्ण स्थान होता है। व्यक्ति का सच्चा विकास उसके उन सदगुणों के माध्यम से ही होता है जो उसके कर्मों में छिपे होते हैं। नेकी और ईमानदारी से भरपूर व्यक्तिगत विकास उसके व्यक्तिगत और व्यावसायिक जीवन में सफलता की प्राप्ति के लिए तो आवश्यक होता ही है यह हमें हमारी पूर्णता की ओर भी ले जाता है।

स्वर्ग का मार्ग और व्यक्तिगत विकास के इस संबंध से हमें यह देखने को मिलता है कि सफलता का मार्ग हमारे कर्मों में छिपी नेकी, ईमानदारी और सद्गुणों में ही बसा होता है। यदि हम अपने आचरण को नेक और सद्गुणों से संवादित करते हैं, तो हम अपने व्यक्तिगत विकास के मार्ग में भी निश्चित रूप से ही सफल हो सकते हैं और उच्चतम स्थिति की ओर बढ़ सकते हैं।

आध्यात्मिकता एक महत्वपूर्ण आंशिक संसारिकता है, जिसे अन्य

सांसारिक आंशिकों के साथ एकीकृत कर के यह मनुष्य के जीवन की गहराई में उसके लिए आत्मिक तत्वों में समृद्धि को बढ़ाती है। इसे निम्नलिखित उदाहरण सहित समझा जा सकता है कि किस प्रकार आध्यात्मिकता हमारे जीवन को सबल और स्फूर्ति देने के लिए प्रमुख तत्व बन सकती है।

एक उदाहरण के रूप में, ध्यान योग एक शक्तिशाली आध्यात्मिक तकनीक है जो हमें मानसिक शांति, स्थिरता और स्वरूप के भाव के साथ जोड़ता है। यह उपाय हमें अपने मन को शांत करने, मन की जटिलताओं को समझने और उन्हें व्यक्त करने के लिए उच्च स्तर पर एकीकृत उपयुक्त स्थान प्रदान करता है। योग एक उदाहरण है कि हम कैसे आपसी तालमेल, सांस्कृतिक समझ भेद और मानसिक तनाव को पार करके एक समग्र आत्मीय अनुभव की ओर प्रवृत्त हो सकते हैं।

अध्यात्मिक प्रक्रिया में अन्य उदाहरण में, महात्मा गांधी द्वारा स्वयं सत्याग्रह की प्रचार प्रणाली एक और महान उदाहरण है। सत्याग्रह के माध्यम से, गांधी जी ने अपने विचारों को दृढ़ता से प्रकट किया, विरोधियों का सामरिक तरीके से सामना करने के स्थान अहिंसा, सत्य और समझौता के माध्यम से विजय प्राप्त की। यह उदाहरण दिखाता है कि आध्यात्मिकता कैसे अस्थिर और कठिन परिस्थितियों में भी हमारे आत्मिक गुणों की प्रघटना कर सकती है और हमें निर्मलता, सहजता और सत्य के प्रति प्रतिबद्ध कर सकती है।

जब हम आध्यात्मिकता की बात करते हैं, तो हम अपने जीवन को एक मार्गदर्शक के रूप में ईश्वर, आत्मविश्वास, प्यार और समाधान द्वारा समृद्ध करने के लिए आवश्यक परिवर्तनों को समझते हैं। यह एक उदाहरण है कि हम कैसे सामरिकता, कठिनाइयाँ और खोटे विचारों के अलावा उच्चतम मानसिक और आत्मिक गुणों को प्रोत्साहित कर सकते हैं।

इस प्रकार, आध्यात्मिकता एक प्रामाणिक मार्ग है जो हमें आत्म-संवेदना, मौलिक समझ भेद को पार करके, अपने वास्तविक स्वरूप को पहचानने और जीवन की गहराई में समृद्धि की ओर आग्रह करता है।

इसे उदाहरण सहित समझने से हमारे जीवन में आध्यात्मिकता की महत्वपूर्णता साफ हो सकती है। संघर्ष, विचारों को भ्रम-मोहितता और आत्मिक खंडन के और संघर्षों के बीच मानसिक और आध्यात्मिक रूप से स्थिरता और सुख के साथ आध्यात्मिकता हमें सुख, शांति और पूर्णता की और ले जाने में सहायता करती है। इसलिए, हमें अपने जीवन में आध्यात्मिकता को समझना चाहिए और समर्पित करना चाहिए ताकि हम आपसे, अन्यों से और हमारे आपके साथी जीवों से और उनके अनुभवों से भी एकीकृत हो सके। यह बुद्धि, शांति और आध्यात्मिकता की अभिव्यक्ति है जो हमें पूर्णता की ओर बढ़ने के लिए आग्रह करती है।

सुखी जीवन का अनुभव

जीवन एक अनंत यात्रा है जिसमें हम सुख और दुख के साथ रहते हैं। यह सिर्फ एक फिजिकल अस्तित्व से अधिक है, यह एक आध्यात्मिक अनुभव भी है जो हमें अपनी आत्मा के साथ जुड़ने का अवसर प्रदान करता है। स्वर्ग का मार्ग के साथ सुखी जीवन का अनुभव यह एक विचार व्यक्त करता है कि सुखी जीवन केवल भौतिक आनंद से नहीं, बल्कि आत्मिक पूर्णता से प्राप्त होता है।

मुख्य विषय: सुखी जीवन का आधार आत्मा के आदर्शों में होता है। जब हम अपने आप को जानते हैं और समझते हैं, तो इस विषय में हमें एक नया दृष्टिकोण प्राप्त होता है जिससे हम जीवन के प्रत्येक पहलू को नए दृष्टिकोण से देख और समझ सकते हैं। इससे एक प्रकार का आत्मा की अद्वितीयता का अनुभव होता है।

1.धन्यवाद और प्रसन्नताएं: सुखी जीवन का एक महत्वपूर्ण पहलू यह भी है कि हम सदैव आभार भाव में रहें और विभिन्न पहलुओं में आनंद की खोज करें। हमें जीवन के छोटे-मोटे पलों का मूल्य समझना चाहिए और उनका सही उपयोग करना चाहिए।

2.संतोष और शांति: सुखी जीवन का एक और पहलू है आत्मिक संतोष की प्राप्ति। हमें जिन चीजों की आवश्यकता होती है, उन्हें प्राप्त करके हमें मानसिक संतोष प्राप्त होता है और यह हमें आंतरिक शांति भी प्रदान

करता है।

यह कहानी एक छोटे से गांव के एक आदमी के विषय में है, जिसका नाम रामू था। रामू बहुत निर्धन था, लेकिन उसके पास संतोष नाम का बड़ा धन था जो उसके लिए एक प्रकार का आंतरिक शांति का स्रोत था।

रामू अपने गांव के पास एक छोटे से खेत में काम करता था। वह इस बात को जानता था और इससे प्रसन्न भी था। उसे अपने काम से बड़ा संतोष मिलता था। इसलिए सदैव अपने काम में सच्ची भावना और समर्पण के साथ लगा रहता था।

एक दिन, उसने अपने खेत में एक पुराना मुर्गा देखा, जो अपने पुराने और बिखरे हुए पंखों के साथ बहुत अद्भुत दिख रहा था। रामू ने उस मुर्गे को अपने साथ घर लाने का निर्णय किया और उसे साथ लेकर अपने घर लौट आया।

वह मुर्गा अच्छा पालन पोषण होने से रामू के साथ रहने लगा। उसके साथ रहने से रामू को भी स्वयं में बहुत प्रसन्नता और संतुष्टि का आभास हुआ। इससे उसे यह भी भान हुआ कि संतोष और शांति ही जीवन के मूल धन होते हैं।

समय व्यतीत होता गया और रामू के लिए उस मुर्गे ने अनगिनत सुख और आनंद लाए। वह अपने छोटे से खेत में काम करते रहने के उपरांत भी संतोष पूर्ण और प्रसन्नता पूर्ण जीवन यापन कर रहा था। वह जानता था कि आत्मा का सच्ची धनी होने का आशय है, संतोष और शांति के साथ जीना। चाहे आपके पास जितना भी सुख सुविधा की सामग्री का अभाव क्यों ना हो।

मनुष्य के लिए संतोष और आंतरिक शांति ही वास्तविक धन हो सकते हैं इसलिए हमें अपने जीवन को सरलता और संतोष से जीने की कला सीखनी चाहिए। यह हमें याद दिलाता है कि अधिक माल और धन की तलाश में हम आमतौर पर अपनी आंतरिक शांति और प्रसन्नता को भूल जाते हैं, जो हमारे जीवन के लिए सबसे अधिक महत्वपूर्ण हैं।

3.सेवा और परोपकार: सुखी जीवन का महत्वपूर्ण भाग सेवा और परोपकार है। जब हम अपने आस-पास के लोगों की सहायता या उनकी सेवा करते हैं, तो हमें आनंद की अनूठी अनुभूति होती है जो अन्य भौतिक आनंदों से सर्वथा भिन्न होती है।

एक छोटे से गांव में अर्जुन नाम का एक लड़का रहता था। अर्जुन बहुत निर्धन था, लेकिन उसका दिल बहुत बड़ा था और वह सदैव ही दूसरों की सहायता करने का प्रयास किया करता था।

एक दिन, अर्जुन ने गांव के एक बुजुर्ग वृद्ध आदमी को देखा, जो बहुत बीमार था और बिना खाने पीने के भूखा होने पर रो रहा था। अर्जुन उसे देखकर बहुत दुखी हुआ और उसने उसके पास जाकर उसने पूछा, "मैं आपकी क्या सहायता कर सकता हूँ?"

वृद्ध आदमी ने कहा, "मेरे पास खाने के लिए कुछ भी नहीं है।"

अर्जुन तुरंत अपने घर गया और वहां से थोड़ा खाना लेकर आया। उसने उसे वृद्ध आदमी को दिया। वृद्ध आदमी ने बड़ी प्रसन्नता से खाना खाया और फिर उसने अर्जुन को धन्यवाद दे कर आराम से विश्राम करने के लिए लेट गया।

अर्जुन के दिल में संवेदना और परोपकार की भावना थी और वह

नहीं चाहता था कि कोई भी भूखा सोए। उसने अपने मित्रों को भी इस काम में सम्मिलित किया और वे साथ मिलकर गांव में निर्धनों की सहायता करने लगे।

इस तरह, अर्जुन और उसके मित्रों ने गांव में एक परोपकारी संगठन बनाया और निर्धनों की सहायता करने में अपना समय और श्रम लगाने लगे। वे सोचते थे कि उनका सेवा और परोपकार दूसरों की जिंदगी में सुख और आनंद लाएगा और इससे उनका स्वयं भी आंतरिक शांति और संतोष की प्राप्ति होगी।

4.आध्यात्मिक अभियान: सुखी जीवन का एक पहलू यह है कि हम अपनी आत्मा के माध्यम से आध्यात्मिक अभियान में भी भाग लें। यह हमें अपने आप को ऊंचाइयों तक पहुँचने का मार्ग दिखाता है और हमें अपने वास्तविक स्वरूप को जानने का अवसर प्रदान करता है।

इस प्रकार स्वर्ग का मार्ग को प्राप्त करने के विचार के साथ सुखी जीवन का अनुभव हमें यह दर्शाता है कि सुखी जीवन भौतिक आनंद से अधिक है, यह आत्मिक पूर्णता, आत्मा के आदर्शों में जीने की कला को सीखने को प्रोत्साहित करता है। आध्यात्मिक अभियान ने सदैव ही हमें आत्मा की गहराइयों में जाकर उसके साथ मिलने का मार्ग प्रदान किया है, जो हमें वास्तविक और सही सुख की पहचान करने में हमारी सहायता करता है। इसमें हमें आपसी समर्पण, सहानुभूति और प्रेम की महत्वपूर्णता की भी शिक्षा मिलती है। इस प्रकार, आध्यात्मिक अभियान हमें वास्तविक और दीर्घकालिक सुख की प्राप्ति के लिए एक मार्ग प्रदान करता है जो न केवल हमारी आत्मा की सामर्थ्य को विकसित करता है, बल्कि हमें इस संगीत के माध्यम से अनंत आनंद की ओर भी प्रवृत्त करता है।

एक समय की बात है कि एक गांव में रमेश नाम का एक युवक रहता था। वह निर्धन होने के उपरांत भी अपने जीवन को प्रसन्नता से भरने में सक्षम था। उसकी प्रसन्नता का राज था उसकी सोच में, जिसमें सब कुछ सकारात्मक दृष्टिकोण से देखा जाता था।

एक दिन, गांव में एक संत महात्मा आये। रमेश ने देखा कि लोग उसके पास जाकर आशीर्वाद लेते हैं और अपनी समस्याओं का समाधान प्राप्त करते हैं। रमेश ने भी संत के पास जाकर उनसे आशीर्वाद लेने की सोची।

यह सोच कर एक दिन रमेश भी उस संत के पास चला गया और उसने भी संत से आशीर्वाद माँगा। संत ने ध्यान पूर्वक रमेश को देखा और उसने रमेश की सोच को पढ़ लिया। उसने रमेश के हाथ में एक छोटी सी पुस्तक दी। पुस्तक का शीर्षक था स्वर्ग का मार्ग: सुखी जीवन का अनुभव'। इसके साथ ही संत ने रमेश से कहा, "यह पुस्तक तुझे वह अनमोल सफलता की सीढ़ी दिखाएगी जो सुखी जीवन की ओर ले जाती है।"

रमेश ने पुस्तक को खोला और पढ़ने लगा। इसमें बहुत से आध्यात्मिक उपदेश और जीवन के मूल मूल्यों के विषय में लिखा हुआ था। रमेश की सोच में उसे एक नई दिशा दर्शाने लगी। इससे उसने अपने जीवन को आध्यात्मिकता की दिशा में परिवर्तित कर दिया।

रमेश ने सीखा कि सुख केवल भौतिक वस्तुओं में ही नहीं है, बल्कि यह आत्मा की ऊँचाइयों में भी है। उसने दिल से सभी को धन्यवाद देने की कला सीखी, जिन्होंने कभी भी उसके लिए कोई भी अच्छा कार्य किया था या करना चाहते थे और अपने छोटे से गांव में अपने पास से भी

कुछ धन खर्च कर लोगों की सहायता करने का एक आदर्श स्थापित किया।

रमेश के आध्यात्मिक अभियान ने उसे सच्चे सुख का पाठ पढ़ाया। वह अब जीवन को एक नए ही दृष्टिकोण से देखता था, जहां हर छोटी सी प्रसन्नता भी उसके दिल को बहुत आनंदित करती थी। उसके जीवन की सीढ़ी एक प्रकार से उसे स्वर्ग की ओर ले जा रही थी और वह सचमुच में सुखी जीवन का अनुभव कर रहा था।

इस वृतांत से हमें यह देखने को मिलता है कि सुखी जीवन का रहस्य भौतिक वस्तुओं में ही नहीं है, बल्कि आत्मा की संतुष्टि और प्रसन्नता में छिपा होता है। हमें सदैव ही अपनी आत्मा के साथ जुड़कर आध्यात्मिक रूप से विकसित होने का प्रयास करना चाहिए, जिससे हम वास्तविक और दीर्घकालिक सुख का अनुभव कर सकते हैं।

इससे हमें यह भी सीखने को मिलता है कि सुख और प्रसन्नता केवल बाहरी वस्तुओं में ही नहीं होते, बल्कि मन की आंतरिक शांति और आत्मा के साथ सामंजस्य स्थापित करके ही पाए जा सकते हैं। रामू के जीवन का यह परिवर्तन उसकी आत्मिक खोज और आध्यात्मिक जागरूकता की ओर उठाया गया यात्रा का एक सही कदम था। जिसकी कठिनाइयों को उसने आत्मसमर्पण और आध्यात्मिक सजगता के माध्यम से सफलतापूर्वक पार किया।

इसके फलस्वरूप, रमेश ने स्वयं को एक नये प्रकार से पहचाना। उसने अपनी संजीवनी शक्तियों को जागृत किया और अपने आस–पास के लोगों के लिए एक प्रेरणा स्रोत बन गए। उसकी आध्यात्मिकता ने उसे सही मार्ग पर ले जाकर उसका सच्चे सुख की प्राप्ति की दिशा में मार्गदर्शन किया।

इस कथा के माध्यम से हमें यह भी सीखने को मिलता है कि जीवन के विभिन्न पहलुओं को सकारात्मक दृष्टिकोण से देखने से हम सच्चे सुख को प्राप्त कर सकते हैं। आध्यात्मिक अभियान के माध्यम से हम अपनी आत्मा के साथ जुड़कर उसकी ऊँचाइयों तक पहुँच सकते हैं, जो बाहरी विचारशीलता से बाहर हैं। हमें समझना चाहिए कि सच्चे सुख और प्रसन्नता का मूल स्रोत आत्मा में ही बसता है और हमें उसे खोजने का एक दृढ़ संकल्प रखना चाहिए।

स्वर्ग और परिवार

यह अध्याय इस बात का विश्लेषण करता है कि कैसे स्वर्ग का मार्ग एक परिवार के लिए आदर्श और उत्तरदायित्वपूर्ण मार्ग प्रमाणित हो सकता है, जो एक-दूसरे के साथ उत्तम संबंध बनाने में सहायता करता है।

एक समय की बात है, एक गांव में एक परिवार रहता था जो बहुत ही ईमानदारी और सच्चाई से अपना जीवन यापन कर रहा था। उनके घर एक बच्चा था जिसका नाम गोपाल था।

एक दिन, गोपाल ने अपने माता-पिता से प्रश्न किया, 'यह, स्वर्ग क्या होता है?"

माता ने मुस्कराते हुए उत्तर दिया, "बेटा, स्वर्ग एक ऐसा स्थान होता है जहां परमेश्वर का आशीर्वाद होता है और लोग प्रसन्नता पूर्वक जीते हैं।"

गोपाल ने इसके विषय में और सोचा और फिर एक और प्रश्न पूछा, "क्या हम स्वर्ग जा सकते हैं?"

'हां बेटा ! लेकिन इसके लिए हमें स्वर्ग की सीढ़ी तक पहुंचना होगा।"

इस पर गोपाल ने फिर पूछा, 'क्या हम स्वर्ग की सीढ़ी' पर चढ़ सकते हैं ?"

पिता ने मुस्कराते हुए कहा, "बेटा, स्वर्ग की सीढ़ी कोई वस्तु नहीं है, बल्कि यह एक प्रतीक है हमारे लिए सात्विक एवं प्रेरक जीवन के मार्ग का अनुसरण करने का। इस पर चलने अथवा इस लक्ष्य को प्राप्त करने के लिए हमें ईमानदार और नेक आचरण की आवश्यकता होती है।"

गोपाल ने तय किया कि वह ईमानदार और नेक बनेगा और जीवन में सदैव अच्छे कार्य ही करेगा। फिर एक न एक दिन इस प्रतीक रुपी स्वर्ग का मार्ग को प्राप्त करने में सफल रहेगा। इस प्रकार वह उसने अपने जीवन में सदैव नेक कार्य करना और अच्छे आदर सत्कार से लोगों की सहायता कराना और धार्मिक जीवन जीने में विशेष ध्यान देना आरम्भ कर दिया।

धीरे-धीरे, गोपाल ने अपने जीवन में उच्च आदर्शों का पालन करते हुए एक सुखमय और सफल जीवन जीना आरम्भ कर दिया, जिससे एक दिन वह अपने उद्देश्य में सफल भी हो गया। जब उसे अपने जीवन में पूर्णता का प्रादुर्भाव हुआ और समय आने पर वह स्वर्ग का मार्ग के प्रतीक को प्राप्त कर मोक्ष को प्राप्त हुआ और ईश्वर के साथ एकाकार हो गया।

इस कथा से हमें यह सीखने को मिलता है कि स्वर्ग के मार्ग को यदि एक प्रतीक के रूप में मान कर भी आत्मसात किया जाए और उसे प्राप्त करने का प्रयास किया जाए तो इसके लिए भी हमें नेक और ईमानदार जीवन यापन की आवश्यकता होती है। इसके लिए भी मनुष्य को अपने जीवन में सही आचरण एवं दूसरों की सहायता करना महत्वपूर्ण होता है।

परिवार हमारे जीवन का महत्वपूर्ण भाग होता है जो हमें सहायता, समर्थन और प्रेम प्रदान करता है। स्वर्ग का मार्ग एक आध्यात्मिक और मानवीय धार्मिक अवधारणा है जो हमें नेक कर्मों के माध्यम से सफलता

और आनंद की प्राप्ति की दिशा में प्रेरित करती है। इन दोनों विषयों का मधुर संगम यह दर्शाता है कि परिवार का सहयोग और उद्देश्यों की प्राप्ति के लिए कठिनाइयों का सामना करने में कैसे सहायता कर सकता है।

परिवार एक स्थिरता और सामंजस्यपूर्ण का स्रोत होता है जो हमें सफलता के मार्ग पर अग्रसर होने में सहायता करता है। यहाँ तक कि समर्थन और प्रेरणा की भावना हमें नेतृत्व, नैतिकता और उद्देश्यों की प्राप्ति के लिए प्रोत्साहित करती है। परिवार के सदस्यों का साथी, समर्पण और सद्गुण यह सिखाते हैं कि समस्याओं का सामना करते समय भी हमें सहयोग और विश्वास बनाए रखना चाहिए।

स्वर्ग के मार्ग की अवधारणा हमें यह सिखाती है कि सफलता का मार्ग नेक कर्मों और सद्गुणों के माध्यम से होता है। जब हम नेकी, ईमानदारी और परिश्रम के मार्ग पर चलते हैं, तो हम अपने उद्देश्यों की प्राप्ति में सफल होते हैं।

इसके साथ ही, परिवार भी हमें नेकी, सद्गुण और सहयोग की महत्वपूर्णता की शिक्षा देता है। परिवार के सदस्यों के बीच साझा किये जाने वाले बंधन हमें उद्देश्यों की प्राप्ति में सहायता करती हैं और हमें सफलता की दिशा में मार्गदर्शन करते हैं।

इस प्रकार, स्वर्ग का मार्ग और परिवार' का अध्ययन हमें यह सिखाता है कि सफलता का मार्ग नेकी, सद्गुण और परिवार के सहयोग से प्राप्त होता है। परिवार का सामर्थ्य हमें आत्मविश्वास, सामर्थ्य और निरंतरता में सहायता करता है, जो हमें अपने लक्ष्यों की प्राप्ति के प्रति प्रेरित करता है।

स्वर्ग और समाज

इस प्रवचन में, हम देख सकते हैं कि स्वर्ग का मार्ग कैसे समाज में नैतिकता, सामाजिक सद्भावना और सजीव भागीदारी को प्रोत्साहित कर सकता है।

समाज, हमारे जीवन की महत्वपूर्ण इकाई होता है, जो हमारे आसपास की सार्थकता को स्थापित करता है और हमें आपसी सहयोग और समर्थन की प्राप्ति करने में सहायता करता है। आध्यात्मिक रूप से, स्वर्ग का मार्ग एक अवधारणा है जिसका आशय होता है कि सफलता और आनंद की प्राप्ति नेक कर्मों के माध्यम से होती है। इस लेख में हम देखेंगे कि समाज और स्वर्ग का मार्ग कैसे एक-दूसरे के साथ मिलकर समर्थन करते हैं और समाज की उन्नति में कैसे सहायता करते हैं।

समाज में हमारे आसपास विभिन्न प्रकार के लोग और संरचना होती हैं और इन सभी का एक सामान्य उद्देश्य होता है- सहयोग करके समृद्धि और सफलता की दिशा में आगे बढ़ना। समाज में हमें अपने अनुभवों और ज्ञान को साझा करने का अवसर मिलता है जिससे दूसरों को भी सीखने और विकसित होने का अवसर प्राप्त होता है।

स्वर्ग का मार्ग की अवधारणा हमें यह सिखाती है कि सफलता के लिए नेक कर्मों की आवश्यकता होती है। जब हम नेकी, सदगुण और ईमानदारी के मार्ग पर चलते हैं, तो हम अपने उद्देश्यों की प्राप्ति में सफल होते हैं। इसके अतिरिक्त, यह सिखाती हैकि हमें अपने कृतियों की जिम्मेदारी

उठानी चाहिए और सही मार्ग पर चलते हुए नेतृत्व का पालन करना चाहिए।

सफलता का मार्ग सदैव नेक कर्मों के माध्यम से ही जाता है, यह एक प्रमुख उदाहरण से स्पष्ट होता है।

एक बार कहीं पर एक बहुत बड़ा व्यापारी रहा करता था, जो ना केवल आर्थिक दृष्टि से ही सफल था, बल्कि अपने नेक आचरण के कारण भी समाज में प्रतिष्ठित था। किन्तु यह सब उसे सुगमता से ही प्राप्त नहीं हो गया था। इसके लिए उसने अपने स्वभाव तथा प्रकृति में विशेष गुणों का सृजन किया था।

व्यापारी कभी भी अपने उत्तरदायित्व एवं नेक कर्मों से विचलित नहीं हुआ और सदैव यह सोच कर काम किया करता था कि उसके कार्यों का परिणाम समाज के लिए किस प्रकार का होगा। इससे समाज पर क्या प्रभाव पड़ेगा। उसने ना केवल अपने व्यवसाय को को ही आगे बढ़ाने के लिए परिश्रम किया, बल्कि उसने समाज में नेकी और सद्गुणों की प्रतिष्ठा भी बढ़ाई। वह समाज के उत्थान के लिए विभिन्न कार्यों में भाग लेता और यथा संभव दूसरों की सहायता करता रहा था, जिससे लोग उसे ना केवल एक सफल व्यापारी के रूप में ही जानते थे, बल्कि एक उत्कृष्ट और नेक व्यक्ति के रूप में भी पहचानते थे।

व्यापारी का यह नेक कर्म अधिकतर समाज में एक आदर्श बन गया और लोगों के लिए एक प्रकार का मार्गदर्शन का कारण बना। उसकी सफलता ने दूसरों को दिखाया कि सफलता का अर्थ धन से कहीं अधिक होता है और नेक कामों के माध्यम से ही समाज में एक न्यायोचित उच्चतम स्थान को प्राप्त किया जा सकता है।

इस प्रकार से स्वर्ग का मार्ग की अवधारणा से हमें यह भी जानने का अवसर मिलता है कि सफलता के लिए हृदय की सच्चाई के साथ मनुष्य के लिए नेक कर्मों के किये जाने की आवश्यकता भी होती है। यह समाज में नेकी और सद्गुण की महत्वपूर्णता को प्रकट करती है। नेकी और सद्गुण से युक्त समाज में सदैव ही मनुष्य को सही मार्ग पर चलने के लिए प्रेरणा और संकेत की प्राप्ति होती है और यह समाज की उन्नति के लिए एक महत्वपूर्ण कारण बनता है।

आध्यात्मिक साहित्य

हमारे आज के प्रवचन में हम इस सम्बन्ध में यह भी देखेंगे कि विभिन्न आध्यात्मिक साहित्य के माध्यम से स्वर्ग के मार्ग का क्या विशेष महत्व है और इसे किस प्रकार से व्याखित किया गया है।

आध्यात्मिकता और साहित्य दो प्रमुख शक्तियां हैं जो मानवता के अंतर्निहित भावनाओं और मानव जीवन की महत्वपूर्णता को समझने में सहायता करती हैं। स्वर्ग का मार्ग और आध्यात्मिक साहित्य के बीच गहरा संबंध होता है, जो हमें आदर्श जीवन और आत्मा की ऊँचाइयों की प्राप्ति की दिशा में प्रेरित करता है।

आध्यात्मिक साहित्य का महत्व: आध्यात्मिक साहित्य मानव जीवन की अंतर्निहित दुनिया को प्रकट करता है और हमें जीवन की वास्तविक महत्वपूर्णता को समझने में सहायता करता है। यह साहित्य हमें अपनी आत्मा के साथ एक मिलनसार यात्रा पर ले जाता है, जहाँ हम स्वयं की अंतर्निहित भावनाओं, विचारों और अर्थों को अनुभव करते हैं। आध्यात्मिक साहित्य के द्वारा हम जीवन के मूल्यों को पहचानते हैं और उन्हें अपने जीवन में अंतर्निहित करने का मार्ग तलाश करते हैं।

स्वर्ग के मार्ग का संबंध आध्यात्मिकता से: स्वर्ग के मार्ग का भाव हमें यह सिखाता है कि सफलता और प्रसन्नता नेककर्मों के माध्यम से प्राप्त होती है। यह आध्यात्मिक साहित्य की मानव जीवन की मूल भावना के साथ मेल खाता है कि आदर्श जीवन की प्राप्ति के लिए हमें नेक कर्मों का

पालन करना चाहिए। इस भावना के साथ ही, यह हमें आत्मा की ऊँचाइयों की दिशा में प्रेरित करता है, जो आध्यात्मिक साहित्य की महत्वपूर्णता को बढ़ाता है।

साहित्य की शक्ति: आध्यात्मिक साहित्य की शक्ति यह है कि वह हमें मानव जीवन के विभिन्न महत्वपूर्ण पहलुओं को उजागर करता है और हमारी आत्मा की गहराइयों में एक नव परिप्रेक्ष्य प्रदान करता है। स्वर्ग का मार्ग का संदेश भी विशिष्ट रूप से आध्यात्मिक साहित्य के माध्यम से प्रस्तुत होता है, जो हमें नेक कर्मों के महत्व को समझाता है।

आध्यात्मिक साहित्य का प्रभाव: आध्यात्मिक साहित्य हमारे जीवन में गहरा प्रभाव डालता है। यह हमें हमारी आत्मा की ऊँचाइयों की दिशा में आगे बढ़ने के लिए सार्वजनिक और व्यक्तिगत स्तर पर दोनों उपायों से प्रेरित करता है। आध्यात्मिक साहित्य की यह शक्ति है कि वह हमें मानव जीवन की अद्भुतता, उद्देश्य और आध्यात्मिक स्वराज्य की दिशा में प्रेरित करता है।

सार्वजनिक प्रभाव: आध्यात्मिक साहित्य का प्रभाव सामाजिक स्तर पर महत्वपूर्ण होता है। यह सामाजिक विचारधारा को प्रभावित करता है और मानव समुदाय को सार्वजनिक स्वराज्य और सद्गुणों की प्राप्ति की दिशा में मार्गदर्शन करता है। आध्यात्मिक साहित्य के उदाहरण जैसे कि धार्मिक ग्रंथ, उपनिषद, गीता, बाइबल, कुरान आदि, लोगों को नेतृत्व, नैतिकता और आदर्श जीवन के मार्ग पर चलने के लिए प्रेरित करते हैं।

व्यक्तिगत प्रभाव: आध्यात्मिक साहित्य का व्यक्तिगत प्रभाव भी अत्यधिक होता है। यह हमारी आत्मा के साथ एक संवाद स्थापित करता है और हमें अपनी अंतर्निहित भावनाओं, विचारों और मूल धारणाओं को

समझने में सहायता करता है। यह हमें आत्मा की महत्वपूर्णता और आत्मा के विकास की महत्वपूर्णता को समझाता है। आध्यात्मिक साहित्य के द्वारा हम अपनी असीम संभावनाओं की पहचान करते हैं और अपनी अंतर्निहित पूर्णता की दिशा में आगे बढ़ते हैं।

आध्यात्मिक साहित्य के प्रेरणा स्त्रोत: आध्यात्मिक साहित्य के माध्यम से हमें अनगिनत प्रेरणा मिलती हैं, जो हमारे जीवन को उत्तम दिशा में आगे बढ़ने की प्रेरणा प्रदान करती हैं। यह साहित्य हमें आदर्श जीवन के महत्वपूर्ण सिद्धांतों को समझने में सहायता करता है और हमारी आत्मा के विकास को प्रेरणा देता है।

मार्गदर्शन का स्त्रोत: आध्यात्मिक साहित्य विभिन्न धार्मिक ग्रंथों, उपनिषदों, गुरुओं के उपदेशों और संतों के प्रेरणास्त्रोत से युक्त होता है। यह साहित्य विभिन्न धार्मिक और दार्शनिक प्रणालियों के माध्यम से मानवता के अंतर्निहित तत्वों को समझाता है और हमें आत्मा की महत्वपूर्णता को पहचानने में सहायता करता है।

जीवन के उद्देश्य की प्रबल प्रेरणा: आध्यात्मिक साहित्य हमें जीवन के उद्देश्य की प्राप्ति के लिए प्रेरित करता है। यह हमें यह बताता है कि सफलता और सुख सिर्फ भौतिक वस्तुओं में नहीं होती, बल्कि आदर्श जीवन जीने के उपायों में होती है। यह साहित्य हमें यह सिखाता है कि आत्मा की ऊँचाइयों की प्राप्ति ही वास्तविक जीवन का उद्देश्य होता है।

अच्छे गुणों का प्रोत्साहन: आध्यात्मिक साहित्य हमें नेक कर्मों, सदगुणों और उच्च आदर्शों को प्रोत्साहन देता है। यह हमें यह सिखाता है कि जीवन में नेकी, ईमानदारी, सहानुभूति और करुणा के गुणों को अपनाने से ही हम सफलता और सुख प्राप्त कर सकते हैं।

आत्मा की महत्वपूर्णता की प्रतिष्ठा: आध्यात्मिक साहित्य हमें आत्मा की महत्वपूर्णता की प्रतिष्ठा देता है। यह हमें यह बताता है कि आत्मा ही हमारी वास्तविक शक्ति है और जब हम अपनी आत्मा को पहचानते हैं और उसके मार्गदर्शन में चलते हैं, तो हम सफलता, शांति और प्रसन्नता प्राप्त कर सकते हैं।

उत्तम दिशा में मार्गदर्शन: आध्यात्मिक साहित्य हमें उत्तम दिशा में मार्गदर्शन करता है, जिससे हम अपने जीवन को सार्थक, उद्देश्यपूर्ण और आदर्श युक्त बना सकते हैं। यह साहित्य हमें आत्मा के साथ संवाद स्थापित करके हमारे आंतरिक विकास की दिशा में मार्गदर्शन करता है और हमें सही दिशा में प्रेरित करता है।

आध्यात्मिक साहित्य का आदर्श: आध्यात्मिक साहित्य विभिन्न धार्मिक और दार्शनिक ग्रंथों के आदर्शों को प्रस्तुत करता है, जिनमें आदर्श जीवन की महत्वपूर्णता और उसके सही मार्ग का वर्णन होता है। यह साहित्य हमें नेक कर्मों, सद्गुणों और उच्चतम आदर्शों की प्रेरणा देता है ताकि हम अपने जीवन को उत्तम दिशा में मार्गदर्शित कर सकें।

आदर्श जीवन के सिद्धांत: आध्यात्मिक साहित्य आदर्श जीवन के महत्वपूर्ण सिद्धांतों को प्रस्तुत करता है जैसे कि नेक कर्मों का पालन करना, सहानुभूति, सत्य, अहिंसा और दया के गुणों को अपनाना। यह सिद्धांत हमें उच्च आदर्शों की प्राप्ति के लिए मार्गदर्शन करते हैं और हमें एक सफल और प्रसन्नचित्त जीवन जीने के उपायों का ज्ञान प्रदान करते हैं।

आत्मा के साथ संवाद: आध्यात्मिक साहित्य हमें आत्मा के साथ संवाद स्थापित करने के लिए प्रेरित करता है। यह हमें हमारी अंतर्निहित भावनाओं, विचारों और मूल धारणाओं को समझने में सहायता करता है

और हमें सही उपाय से सोचने और विचारने की कला सिखाता है।

सार्थक जीवन की दिशा: आध्यात्मिक साहित्य हमें वास्तविक और सार्थक जीवन की दिशा में मार्गदर्शन करता है। यह हमें मानव जीवन के मूल उद्देश्य की पहचान करने में सहायता करता है और हमें उसी दिशा में अग्रसर होने के लिए प्रेरित करता है जो हमारे अंतर्निहित आत्मा की मांग होती है।

मानव जीवन के मूल उद्देश्य की पहचान: आध्यात्मिक साहित्य हमें मानव जीवन के मूल उद्देश्य की पहचान करने में महत्वपूर्ण भूमिका निभाता है। यह साहित्य हमें यह बताता है कि जीवन सिर्फ भौतिक आसक्तियों की पूर्ति तक सीमित नहीं होना चाहिए, बल्कि हमें अपनी आत्मा की पहचान कर उसके उद्देश्य की प्रतिष्ठा करने की आवश्यकता है।

आत्मा की मांग की प्रेरणा: आध्यात्मिक साहित्य हमें आत्मा की मांग की प्रेरणा देता है, जिसका आशय है कि हमें भौतिक सुखों के पीछे भागने की बजाय अपनी आत्मा के उद्देश्य की पूर्ति के लिए काम करना चाहिए। यह साहित्य हमें यह बताता है कि सच्ची प्रसन्नता और शांति आत्मा के उद्देश्य में ही होती हैं।

नेक कर्मों का पालन: आध्यात्मिक साहित्य में विभिन्न धार्मिक और दार्शनिक ग्रंथों में नेक कर्मों के महत्व का वर्णन होता है। यह हमें सिखाता है कि नेक कर्मों का पालन करने से हम अपनी आत्मा को पवित्र बनाते हैं और उसके विकास की दिशा में कदम बढ़ाते हैं।

सदगुणों को अपनाना: आध्यात्मिक साहित्य में सदगुणों के महत्व का विशेष रूप से उल्लेख होता है। यह साहित्य हमें यह शिक्षा देता है कि हमें दया, दयालुता, सहानुभूति, सत्यनिष्ठा और संयम जैसे सद्गुणों को

अपनाकर आत्मा को पुनः सुदृढ़ कर सकते हैं और उसे विकसित कर सकते हैं।

आत्मा के मार्गदर्शन में चलना: आध्यात्मिक साहित्य हमें आत्मा के मार्गदर्शन में चलकर जीवन की दिशा में सही राह पर चलने की प्रेरणा देता है। यह साहित्य हमें यह सिखाता है कि अपने आंतरिक स्वरूप के साथ संवाद स्थापित करके हम अपने जीवन को सही दिशा में मार्गदर्शित कर सकते हैं और आत्मा के विकास की प्रतिष्ठा कर सकते हैं।

आत्मा का विकास: आध्यात्मिक साहित्य हमें आत्मा के विकास की महत्वपूर्णता को समझाता है। यह हमें यह बताता है कि अपनी आत्मा के साथ जुड़कर ही हम वास्तविक सुख और आदर्श जीवन की प्राप्ति कर सकते हैं।

आत्मा का विकास हमारे बाहर जीवन के साथ ही हमारी आंतरिक स्थिति को भी सुधारना है और हमें पूर्णता की प्राप्ति की दिशा में आगे बढ़ने की प्रेरणा प्रदान करता है।

संक्षिप्त में: आध्यात्मिक साहित्य हमें नेक कर्मों का पालन, सद्गुणों को अपनाना और आत्मा के मार्गदर्शन में चलकर अपने आत्मा के विकास की प्रेरणा प्रदान करता है। यह साहित्य हमें एक सार्थक और उद्देश्यपूर्ण जीवन जीने के उपाय को सिखाता है, जिसमें आत्मा के महत्व को पहचानने और उसके विकास के लिए प्रेरित करता है। यह साहित्य हमें सच्चे सुख, शांति और आदर्श जीवन की प्राप्ति के लिए एक मार्गदर्शन प्रदान करता है।

प्रशासन तथा प्रबंधन

स्वर्ग का मार्ग के विषय के संदर्भ में यदि देखा जाए तो मनुष्य को अपने व्यक्तिगत जीवन के साथ ही अपने लक्ष्य तक पहुँचाने के लिए नियंत्रित प्रशासन तथा प्रबंधन की भी आवश्यकता होती है। जिसके लिए मनुष्य को इस विषय के विशेष महत्वपूर्ण पहलुओं का ज्ञान होना चाहिए।

वस्तुतः जैसे कि आरम्भ में भी बताया गया है कि जहां पर स्वर्ग का मार्ग को एक प्रतीक के रूप में लिया गया है, जो कि उत्कृष्टता और सफलता का संकेत देता है। इस प्रतीकात्मक शब्द को जहां प्रशासन और प्रबंधन के विषय से जोड़कर देखा जा रहा है।

स्वर्ग का मार्ग, ज्ञान और उसके प्रयोजन का प्रतीक मानी जाती है। इसे प्राप्त करने के लिए, संगठन की समझ, कुशलता और उपयोगिता की आवश्यकता होती है। इसके लिए, 'प्रशासन और प्रबंधन' उन क्षेत्रों में महत्वपूर्ण हो जाता है जहां परिलक्षित आदर्श की ओर बढ़ने का प्रयास किया जाता है।

प्रशासन एवं प्रबंधन दो ऐसे क्षेत्र हैं जिनका ध्यान मुख्य रूप से कंपनियों, सरकारी संगठनों को संभालने के लिए किया जाता है। स्वर्ग का मार्ग तक पहुँचने के प्रयास की तरह ही प्रशासन और प्रबंधन में भी उत्कृष्टता, सफलता और वांछित परिणाम की प्राप्ति के लिए सेवाएं और सुविधाएं प्रदान की जाती हैं।

इस समारोह में उस महिला नेता ने खेलों और विशेष सुरुचिपूर्ण

कार्यक्रमों के माध्यम से बच्चों को बुद्धिमान और स्वस्थ जीवनशैली के लिए प्रेरित किया। इस प्रकार स्थानीय समुदायों से सहयोग लेकर, वह बच्चों के ज्ञान और कौशल को बढ़ावा देने के लिए विभिन्न शैक्षणिक और सांस्कृतिक कार्यक्रम आयोजित कर उन्हें आदर्श जीवन के लिए प्रेरित कर सकती थीं।

इस के पश्चात, उस महिला ने इस योजना को अंतरराष्ट्रीय स्तर पर ले जाने का प्रयास किया। उन्होंने नवाचारी तकनीकों का उपयोग करके अध्ययन और सुधार के लिए नये प्रयासों को आरम्भ किया। स्कूल के प्रशासनिक कार्यों को सुदृढ़ किया गया, उच्चतर मानकों को स्थापित किया और खाद्य संबंधी योजनाओं को सुधारा गया। इसके परिणामस्वरूप, स्कूली बच्चों की शैक्षिक प्रगति, बाल स्वास्थ्य और सामान्य विकास में अपेक्षित सुधार होने लगा।

इस से एक आदर्श एवं न्यायिक जीवन यापन के लिए एक अच्छे प्रशासन और प्रबंधन के महत्व का अनुमान लगाया जा सकता है। इस तरह के नेतृत्व उदाहरण द्वारा प्रशासन और प्रबंधन की महत्वपूर्ण भूमिका प्रकट होती है।

वर्तमान में देशों, शहरों और व्यापारी संगठनों को संचालित करने के लिए, साहसिक लेखांकन, सामाजिक न्याय, औद्योगिक व्यवस्था और अन्य क्षेत्रों में विभिन्न प्रशासन और प्रबंधन की भूमिकाएं होती है। जिसके लिए इस संदर्भ में इस विवेचना का भी अपना एक विशेष महत्व है।

सूचना प्रबंधन एक प्रमुख प्रबंधन कार्य है, जिसका उद्देश्य यह सुनिश्चित करना होता है कि सही समय पर सही जानकारी उपलब्ध होती

है। इसके अतिरिक्त, एक प्रशासक को कुशल नेतृत्व, संगठनात्मक योजना, कार्यक्रम निरीक्षण और मूल्यांकन के लिए समय और साधनों का ध्यान रखना आना चाहिए।

इस प्रकार स्वर्ग का मार्ग की ओर अर्थात एक उदाहरणीय जीवन शैली की ओर बढ़ने के लिए प्रशासन और प्रबंधन प्रथाओं का निरंतर विकास एवं परिवर्तन किया जाना चाहिए। यह अभियांत्रिकी, संगठनात्मक विचारधारा और कार्यकर्ताओं के व्यक्तिगत अनुभव पर भी आधारित हो सकता है। विभिन्न प्रशासनिक, नीति निर्माण और प्रबंधन उपाय, जैसे कि सशस्त्र सेवाओं और बैंकिंग उद्योग में अनुभव शासित परिणामों का अध्ययन करके, लक्षित स्वर्गीय परिणाम के लिए ऐसी सोच एवं प्रक्रिया को अपनाया जा सकता है।

इस प्रकार, स्वर्ग का मार्ग का लक्ष्य एक अनुचित न्यायिक प्रक्रिया को बनाना नहीं, बल्कि उच्चतम स्तर की प्रशासनिक क्षमता और सीमाओं का एक दिशा निर्देश तय करना है, जहां प्रशासकों, नेताओं, कर्मचारियों और संगठनों के माध्यम से जीवन में उत्तमता और प्रगति को प्राप्त किया जा सके।

स्वर्ग का मार्ग के प्रतीक का उपयोग करते हुए प्रशासन और प्रबंधन के क्षेत्र में ऐसी विचारधारा को भी अपनाया जा सकता है जिससे कि अपेक्षित परिणाम प्राप्त हो सकते हों।

1. संगठन के प्रबंधन में स्वर्ग का मार्ग जैसी विचारधारा का उपयोग भी किया जा सकता है, जिससे कि संगठन के कर्मचारी अपने कौशल और कार्यशैली को सुधारकर अधिक सफलता प्राप्त करने के लिए अपने कार्यक्षेत्र में उन्नति कर सकते हैं।

2. सरकारी प्रशासन में, स्वर्ग के मार्ग की प्राप्ति का अर्थ हो सकता है कि सरकारी कर्मचारी को अधिक सुविधाएं और अधिकार प्रदान किये जाने चाहिए, ताकि वह अपने कार्य को श्रेष्ठतर ढंग से कर सके।

3. विद्यालय प्रबंधन में, स्वर्ग का मार्ग का अर्थ हो सकता है कि विद्यालय के छात्रों और शिक्षकों के लिए शिक्षा और प्रबंधन के क्षेत्र में उन्नति के लिए पर्याप्त सुविधायें और अवसर प्रदान किये जाने चाहिए।

एक बड़ी कॉर्पोरेट कंपनी के अध्यक्ष की भूमिका को देखें, जिसने अपने कामकाज में इन प्रतीकात्मक शब्दों का उपयोग किया। इस अध्यक्ष ने अपने संगठन के प्रबंधन तथा प्रशासन में उदाहरणीय परिवर्तन किए और संगठन को एक नए स्तर पर ले जाने में सफल रहा।

इसके लिए अध्यक्ष ने संगठन के सभी स्तरों पर अपने कर्मचारियों की कार्यशीलता को प्रोत्साहित किया और उन्हें अपने काम में उत्कृष्टता प्राप्त करने के लिए उपयुक्त अवसर प्रदान किये।

इसमें एक बड़ी कॉर्पोरेट कंपनी के अध्यक्ष की महत्वपूर्ण भूमिका प्रमाणित होती है कि किस प्रकार इस अध्यक्ष ने अपने संगठन के प्रबंधन तथा प्रशासन में अनुकरणीय परिवर्तन किए और संगठन को एक नए स्तर पर ले जाने में सफल रहे।

उपरोक्त उदाहरणों से हम देख सकते हैं कि किस प्रकार स्वर्ग का मार्ग की अवधारणा एक प्रशासन और प्रबंधन के क्षेत्र में सफलता प्राप्त करने के लिए उचित सुविधाओं और अवसरों के साथ अपने कार्य में परिश्रम करने का माध्यम भी हो सकती है।

स्वर्ग के मार्ग का महत्व

संसार भर में विभिन्न संस्कृतियों और धर्मों में स्वर्ग की मान्यता होती है, जिसे आध्यात्मिक और धार्मिक परंपराओं में एक उच्च स्थान के रूप में देखा गया है। स्वर्ग का मार्ग इस संदेश को सूचित करने का एक प्रतीक है कि मनुष्य के लिए उच्चतम आदर्शों और आध्यात्मिकता की प्राप्ति महत्वपूर्ण है। यह विचार विभिन्न धार्मिक ग्रंथों, कथाओं और श्रुतियों में पाया जाता है, जिनमें स्वर्ग के मार्ग का महत्व व्यक्त किया गया है।

स्वर्ग के मार्ग का उल्लेख प्राचीन भारतीय धर्म शास्त्रों और कथाओं में मिलता है। यह सीढ़ी आत्मा की उन्नति और मोक्ष की प्राप्ति की प्रतीक होती है, जो व्यक्ति के जीवन का उद्देश्य माना जाता है। स्वर्ग के मार्ग को पारंपरिक रूप से आध्यात्मिक जीवन में आगे बढ़ने के एक मार्ग के रूप में देखा गया है, जो आत्मा को आध्यात्मिक उन्नति की दिशा में प्रेरित करता है।

धार्मिक कथाओं में, स्वर्ग के मार्ग का चरण जीवन के सफर को प्रतिनिधित्व करता है, जिसमें आत्मा को उच्चतम आदर्शों की प्राप्ति के लिए प्रेरित किया जाता है। यह सीढ़ी ध्यान, तपस्या, सेवा और श्रद्धा के माध्यम से प्राप्त होती है, जिससे आत्मा की सुखमय उन्नति हो सके।

इसके साथ ही, स्वर्ग का मार्ग आदर्शों और नैतिकता के मानकों को स्वीकार करने की प्रेरणा प्रदान करता है। यह व्यक्ति को नीति और धर्म

के मार्ग पर चलने के लिए प्रोत्साहित करती है, जिससे उसका आत्मा संयमित और उद्देश्यपरक बनता है।

अधिकतर धर्मों में, स्वर्ग के मार्ग का महत्व व्यक्ति को उच्चतम आदर्शों की प्राप्ति के लिए प्रेरित करने के साथ-साथ उसके अच्छे कर्मों की प्रतिष्ठा को भी दर्शाता है। यह एक ऐसा मार्ग है जो न केवल आत्मा की उन्नति की दिशा में प्रेरित करता है, बल्कि समाज को भी नैतिकता और सद्गुणों की ओर प्रोत्साहित करता है।

समापन: इस प्रकार, स्वर्ग का मार्ग धार्मिक और आध्यात्मिक परंपराओं में एक गंभीर मान्यता का प्रतीक है जो आत्मा की ऊंचाइयों और आदर्शों की प्राप्ति की महत्वपूर्णता को प्रकट करता है। यह न केवल आध्यात्मिक सफलता के मार्ग के रूप में काम आती है, बल्कि व्यक्ति को नैतिकता, धर्म और सद्गुणों के प्रति प्रेरित करने के रूप में भी महत्वपूर्ण भूमिका निभाती है। इसके माध्यम से, व्यक्ति को उच्चतम मानकों की प्राप्ति और आत्मा की उन्नति की प्रेरणा मिलती है, जो उसके आध्यात्मिक और नैतिक विकास की दिशा में महत्वपूर्ण है। स्वर्ग का मार्ग का महत्व धर्म, आध्यात्मिकता और नैतिकता के संदेश को सार्थक बनाता है और व्यक्ति को उच्च आदर्शों की ओर प्रेरित करता है।

स्वर्ग का मार्ग का सुखी अंत

कई वर्ष पूर्व की बात है, एक छोटे से गांव में एक शाम लाल नाम का एक युवक रहता था, जिसे उसके गांव के लोग 'सद्गुण संदेशक' के रूप में पुकारते थे। शाम लाल एक आदर्शवादी और संयमित जीवन जीने के प्रति समर्पित था और उसके गांव के लोग उसके सद्गुणों को देखकर उससे प्रेरित हुआ करते थे।

शाम लाल के सहृदय और प्रसन्न जीवन का रहस्य उसके दिल में छुपा हुआ था। उसने निर्धन होने पर भी अपने सद्गुणों का प्रचार किया और लोगों को सादगी, संयम और आदर्श जीवन की महत्वपूर्णता का उपदेश दिया।

एक दिन, शाम लाल गांव के पास की एक पहाड़ी पर बड़े वृक्ष के नीचे अपने मित्रों के साथ बैठकर बातचीत कर रहा था तो उसके मित्रों ने उससे पूछा, "शाम लाल, तुम्हारी यह सादगी और आदर्श जीवन शैली का रहस्य क्या है?"

शाम लाल ने उनसे मुस्कुराते हुए कहा, "यह सब मेरे पिता के उपदेशों और मार्गदर्शन का परिणाम है। उन्होंने मुझे कभी भी अपने उद्देश्य के लिए पैसों के पीछे भागने की शिक्षा नहीं दी, बल्कि वे सदैव मुझे जीवन में उच्च मूल्यों को प्राथमिकता देने के लिए ही कहा करते थे।"

मित्रों ने उससे पूछा, "लेकिन क्या इसका कोई विशेष कारण

था ?"

शाम लाल ने कुछ देर विचार करने के पश्चात कहा, "हां, मेरे पिता ने मुझसे एक प्रश्न किया था, 'क्या तुम अपने जीवन में सिर्फ पैसा कमाना ही अपने जीवन का मुख्य ध्येय रखोगे या अपने जीवन को सुख और प्रसन्नता से भरना चाहते हो ?' तब मैंने उनके प्रश्न का उत्तर देते हुए कहा था, 'मैं अपने जीवन को सुख और प्रसन्नता से भरना चाहता हूँ।' इस पर उन्होंने मुझसे कहा था, 'तो तुम्हें जीवन में सदैव वह काम ही करना चाहिए जो तुम्हारे दिल को प्रसन्नता और आनंद से भर दे, चाहे उस से कम भी पैसा क्यों ना प्राप्त होता हो।' उनके दिए हुए इस मार्गदर्शन ने मेरे जीवन को एक नई दिशा दी, जो मेरे साथ ही मुझ से सम्बन्धित अन्य लोगों के लिए भी प्रेरणा का स्रोत बन गई।"

शाम लाल की यह कथा हमें यह सिखाती है कि सफलता और सुख पैसों में ही नहीं होते, बल्कि हमारे मूल्यों, संयम और आदर्श जीवन के परिप्रेक्ष्य में छिपे होते हैं। वास्तव में हमारी अपनी सफलता, सुख और प्रसन्नता की प्राप्ति का मार्ग आमतौर पर हमारे सामाजिक मानदंडों, सामाजिक परिस्थितियों और बाहरी प्रतिष्ठा के पीछे ढूंढा जाता है। लेकिन क्या यह सब वास्तविक सुख और सफलता की दिशा में वास्तविक मार्ग है? इस स्वर्ग का मार्ग नाम के विवरण से हमें यह देखने को मिलता है कि वास्तविक प्रसन्नता और सफलता भौतिक वस्तुओं में नहीं होती, बल्कि आत्मा के प्रशांतता में छिपी होती है।

यह कहानी एक छोटे से गांव के युवक शाम लाल की है, जिसने अपने आदर्शवादी और संयमित जीवन से अपने गांव के लोगों को प्रेरित किया। उसका संग्रहीत और प्रसन्न जीवन उसके पिता के उपदेशों का

परिणाम था, जिन्होंने उससे यह प्रश्न पूछा था कि वह अपने जीवन को किस प्रकार से परिपूर्ण करना चाहता है? सिर्फ पैसों से या सुख और प्रसन्नता से?

शाम लाल ने अपने पिता के मार्गदर्शन के आधार पर जीवन के महत्वपूर्ण मूल्यों का पालन किया। उसने यह समझ लिया कि प्रसन्नता और सुख वास्तव में आत्मा की प्रशांतता में ही छिपे होते हैं, ना कि बाहरी वस्तुओं में। फिर उसी दिशा में उसने अपने जीवन के कार्यों का चयन किया और अपने आस-पास के लोगों के लिए भी प्रेरणा स्रोत बनने का निर्णय लिया।

कहानी में एक विशेष पल यह भी है, जब शाम लाल के मित्र उससे पूछते हैं कि क्या तुम्हारे पिताजी के पास इसका कोई विशेष कारण था जो उन्होंने इस प्रकार की प्रतिक्रिया दी। तब शाम लाल का उत्तर था कि उसके पिता ने उसके जीवन के मार्ग का चयन करने के लिए उस से यह एक महत्वपूर्ण प्रश्न पूछा था। उसके पिता ने उससे पूछा था कि क्या वह अपने जीवन में सिर्फ पैसा कमाना ही अपने जीवन का मुख्य उद्देश्य रखना रखना चाहता है या अपने जीवन को सुखी और प्रसन्नता से भरना चाहता है? उसके पिता के मार्गदर्शन में शाम लाल ने यह समझ लिया कि सच्चा सुख आत्मा की प्रशांतता में ही है और वह उसी मार्ग पर आगे बढ़ने का निर्णय लेता है।

जीवन के सफर में हम सभी प्रसन्नता, सुखों, उतार-चढ़ावों और परिप्रेक्ष्य में सफलता की ओर प्रगति की तलाश में होते हैं। लेकिन क्या सचमुच मानव जीवन की खोज में हम आमतौर पर उन चीजों की ओर बढ़ते हैं जिनका वास्तविक महत्व नहीं होता? 'स्वर्ग का मार्ग' की विवेचना हमें यह सिखाती है कि सफलता और सुख का वास्तविक रहस्य वास्तविक आनंद और आत्मा की प्रशांतता में छिपा होता है, न कि बाहरी वस्तुओं में।

कहानी के प्रमुख पात्र शाम लाल ने अपने जीवन की दिशा को

उसके पिता के उपदेशों के माध्यम से निर्धारित किया। उसके पिता ने उसके जीवन के महत्वपूर्ण मुद्दों पर विचार करने हेतु ही उससे यह प्रेरणादायक प्रश्न पूछा था,"क्या तुम अपने जीवन में सिर्फ पैसा कमाना ही अपने जीवन का मुख्य ध्येय रखोगे या अपने जीवन को सुख और प्रसन्नता से भरना चाहेंगे ?' इस प्रश्न का उत्तर शाम लाल के जीवन की दिशा तय करने में बहुत महत्वपूर्ण प्रमाणित हुआ। उस के पिता ने उसे समझाया कि जीवन का वास्तविक सुख और सफलता पैसों में नहीं है, बल्कि आत्मा की प्रशांतता, आदर्श जीवन और आनंद में छिपा होता है।

शाम लाल के पिता के उपदेशों का परिणाम यह रहा कि उसने यह समझ लिया कि सच्चा जीवन वह है जिसमें आत्मा की शांति, संतुष्टि और प्रसन्नता हो। वह उसी मार्ग पर आगे बढ़ने का निर्णय लेता है, जिसमें उनके दिल की आवश्यकताएँ और इच्छायें छिपी होती हैं, चाहे वो कितने भी पैसे कमाने का काम क्यों ना हो।

इस कहानी में एक और महत्वपूर्ण तत्व है, शाम लाल का संघर्ष और संघर्ष के पश्चात की विजय। जब अपने मार्गदर्शन के परिप्रेक्ष्य में उस समय के लिए समझते हैं कि सफलता के सच्चे राज़ को पहचानने के लिए आत्मा की आवश्यकता होती है, जिससे वे स्वर्ग का मार्ग की ओर बढ़ सकें, जो वास्तविक आनंद और आत्मिक शान्ति में प्राप्त होता है।

आत्मा का परिप्रेक्ष्य

आत्मा, मानव जीवन की गहराइयों में छिपी रही एक अद्वितीयता है, जो विचारों, भावनाओं और अनुभवों की मानवीय पहचान से परे है। इस विशाल और अज्ञेय अंतरात्मा को जानने और समझने की प्रक्रिया, जिसे हम 'आत्मा का परिप्रेक्ष्य' कह सकते हैं, मानव जीवन के उद्देश्य और अर्थ को समझने में महत्वपूर्ण भूमिका निभाती है।

आत्मा का स्वरूप: आत्मा को बड़ी सरलता और सूक्ष्मता से समझना नामुमकिन है, क्योंकि यह दैहिक और मानसिक सत्ताओं से परे है और इसे शब्दों या भाषा के माध्यम से व्यक्त करना कठिन है। विश्व के अनगिनत धार्मिक और आध्यात्मिक परंपराओं में, आत्मा को अज्ञात, अनन्त, अद्वितीय, शाश्वत और निर्मल आदि विशेषणों से व्यक्त किया गया है।

आत्मा का अवगाहन: आत्मा का परिप्रेक्ष्य करने की प्रक्रिया में ध्यान, धारणा और मेधा की आवश्यकता होती है। योग और ध्यान के माध्यम से, व्यक्ति अपने मन को शांत करके अपनी आत्मा को अनुभव कर सकता है। यह प्रक्रिया उसे उसकी अंतरात्मा की गहराइयों में जाने और समझने में सहायता करती है।

आत्मा का अनुभव: आत्मा का परिप्रेक्ष्य करने के लिए आत्मानुभव महत्वपूर्ण है। यह व्यक्ति को उसकी वास्तविक भावनाओं,

अंतरात्मा की शांति और उसके स्वरूप के प्रति जागरूकता की ओर ले जाता है।

आत्मा का तात्पर्य: आत्मा का परिप्रेक्ष्य करने से व्यक्ति के जीवन का तात्पर्य परिवर्तित हो जाता है। यह उसे आदर्श जीवन और सही मार्ग की ओर प्रेरित करता है। आत्मा के परिप्रेक्ष्य से व्यक्ति के भीतर अंतर्निहित शक्तियों का परिचय होता है और उसकी उच्चतम संभावनाओं की पहचान होती है।

आत्मा का परिप्रेक्ष्य केवल एक आध्यात्मिक खोज नहीं है, बल्कि यह मानव जीवन के उद्देश्य और अर्थ को समझने की एक गहरी प्रक्रिया है। यह एक मानव की अंतरात्मा की उत्कृष्टता और सही मार्ग की पहचान की प्रक्रिया है, जो हमें सिर्फ अपनी आत्मा की पहचान से परे जानने की स्थिति में रूपांतरित करती है।

आत्मा के परिप्रेक्ष्य के माध्यम से, हम अपने वास्तविक स्वरूप को जान सकते हैं जो विचारों, भावनाओं और अनुभवों से परे होता है। यह हमें अपने आदर्शों, मूल्यों और धार्मिक विचारधारा के प्रति अधिक संवेदनशील बनाता है। जब हम अपनी आत्मा की ओर दृढ़ता से मुख करते हैं, तो हम अपने जीवन के उद्देश्य को स्पष्टता से देख पाते हैं और सही मार्ग पर चलने की क्षमता प्राप्त करते हैं।

आत्मा के परिप्रेक्ष्य से हम अपनी सामाजिक संवाद की दृढ़ता को भी बढ़ा सकते हैं। इससे हम ज्यादा सहयोगी बनते हैं, अपने साथी मानवों की भावनाओं को समझते हैं और एक सामर्थ्य विकसित करते हैं कि हम उनके साथ उनके जीवन की कठिन स्थितियों में खड़े हो सकें।

आत्मा का परिप्रेक्ष्य केवल आत्मा के अध्ययन में ही सीमित नहीं

होता, बल्कि यह हमें व्यापारिक, सामाजिक और पर्यावरणीय मामलों में भी उच्च ज्ञान और दृढ़ नैतिकता प्रदान करता है। यह हमें एक सही दिशा में चलने की प्रेरणा देता है और हमें अपने जीवन को एक सार्थक और उद्देश्यपूर्ण उपाय से जीने की सामर्थ्य प्रदान करता है।

समापन: इस प्रकार, 'आत्मा का परिप्रेक्ष्य' मानव जीवन के उद्देश्य, मूल्य, आदर्श और सामाजिक संवाद को समझने की गहरी प्रक्रिया है। यह हमें अपने अंतर्निहित शक्तियों की पहचान करने में सहायता करता है और हमें सही मार्ग पर चलने की प्रेरणा प्रदान करता है, ताकि हम उच्च जीवन की दिशा में प्रस्तुत हो सके।

संयोजन और संक्षेप

स्वर्ग की सीढ़ी के परिपेक्ष में संयोजन और संक्षेप की महत्वपूर्णता का महत्व हमें इस बात से पता चलता है कि संयोजन और संक्षेप, जीवन की सफलता और सुख की सीढ़ियों को छूने के लिए एक महत्वपूर्ण उपाय हैं। जो हमें जीवन के उद्देश्य एवं उसकी वास्तविकता से भली भांति परिचित कराता है।

इस विषय से संबंधित एक प्रसिद्ध कहानी है, जो गहराई से इसके साथ हमारा परिचय कराती है कि संयोजन और संक्षेप कैसे हमें अपने लक्ष्यों और सपनों की प्राप्ति में सहायता कर सकते हैं।

कहानी का मुख्य पात्र एक लड़का है, जो एक बार जब रात को सो रहा था तो उसने सपने में एक स्वर्ग की सीढ़ी को देखा, जो मनुष्य को जीवन की सभी खुशियों और सफलता की ओर ले जाती है। इसे देखने के पश्चात वह यह जानने के लिए उत्सुक हो गया कि वास्तव में यह सीढ़ी क्या है और इसे कैसे प्राप्त किया जा सकता है। इस विषय में उसका उत्साह और जिज्ञासा उसे स्वर्ग की सीढ़ी के विषय में अधिक से अधिक ज्ञान संग्रह करने और उसकी खोज करने के लिए उसे प्रेरित करने लगी। इसके लिए उसने अपना यथासंभव प्रयास आरम्भ कर दिया।

इसके लिए सर्वप्रथम उसने अपने इस सपने के विषय में अपने मित्रों से बात की। उसके मित्रों ने उसकी सारी कहानी सुनकर उसे बताया

कि पास के जंगल में एक बुद्धिमान बाबा है जो उसकी जिज्ञासा का समाधान कर सकते हैं। यह सुनकर उसने बाबा के पास जाने और उन से इस विषय में ज्ञान अर्जित करने का निश्चय किया।

तब एक दिन उसने बाबा से मिलकर उनसे अपने इस सपने और अपनी जिज्ञासा को बताया। बाबा ने ध्यानपूर्वक उसकी सारी बात को सुना और फिर उसे इस सन्दर्भ में 'संयोजन और संक्षेप' की महत्वपूर्णता के विषय में बताया, जिससे उसे अपनी जिज्ञासा के समाधान की प्राप्ति हो सकती थी।

बाबा ने उसे बताया कि स्वर्ग की सीढ़ी प्राप्त करने के लिए उसे 'संयोजन और संक्षेप' को समझने की आवश्यकता होगी। संयोजन और संक्षेप दो भिन्न-भिन्न शक्तियों को संयोजित करने की प्रक्रिया है जो हमें अपने लक्ष्य तक पहुंचने में हमारी सहायता करती हैं।

बाबा ने उसे यह भी बताया ने कहा कि संयोजन उसके विचारों, भावनाओं और क्रियाओं को एकत्र करने का अर्थ है। यह उसे अपने लक्ष्य के प्रति समर्पित होने में उसकी सहायता करेगा। उसे अपने विचारों को स्पष्ट करें, अपनी भावनाओं को स्थिर करने और अपनी क्रियाओं को लक्ष्य के साथ मिलाने की आवश्यकता होगी।

उन्होंने उसे बताया कि संयोजन का अर्थ है अपने विचारों, भावनाओं और क्रियाओं को एकत्र करना। इससे उसे अपने लक्ष्य के प्रति समर्पित रहने में सहायता मिलती है और अपने विचारों को स्पष्ट करने, भावनाओं को स्थिर करने और क्रियाओं को लक्ष्य के साथ मिलाने में सफलता प्राप्त होती है।

इसके साथ ही बाबा ने उसे संक्षेप के विषय में भी विस्तार से बताया कि संक्षेप उसके जीवन के अनुभवों, ज्ञान और सीखों को संक्षेप में संग्रहित करने का अर्थ है। इससे उसे अपने जीवन के महत्वपूर्ण अनुभवों को याद रखने, अपने ज्ञान को संक्षेप में बांटने और अपने उपलब्ध ज्ञान को अपने जीवन के अनुसार उपयोग करने की समझ प्राप्त होगी।

फिर बाबा ने संक्षेप की भी महत्वपूर्णता बताई, जो उसे अपने जीवन के अनुभवों, ज्ञान, और सीखों को संक्षेप में संग्रहित करने के लिए उपयोगी सिद्ध हो सकती थी। संक्षेप का आशय था उसके जीवन के महत्वपूर्ण भागों को संक्षेप में संग्रहित करना। इससे उसने अपने अनुभवों को सारगर्भित रखने, अपने ज्ञान को संक्षेप में बांटने और अपनी सीखों को अपने जीवन में उपयोग करने में सहायता प्राप्त की।

अंत में बाबा ने उसे समझाया कि संयोजन और संक्षेप दोनों को साथ मिलाकर ही स्वर्ग का मार्ग तक पहुंचा जा सकता है अर्थात सफलता की सीढ़ी को प्राप्त किया जा सकता है।

तब उस लड़के ने यह ज्ञान प्राप्त करने के पश्चात संयोजन के माध्यम से अपने सपने को देखने का उत्साह और संक्षेप के माध्यम से अपने जीवन के महत्वपूर्ण अनुभवों को सहज रूप से धाराप्रवाह बनाये रखने का निर्णय लिया।

अपने विचारों ने के इस संगम से उसे अपने लक्ष्यों की प्राप्ति में अधिक सकारात्मक मार्गदर्शन प्राप्त हुआ। संयोजन ने उसे अपने सपने की दिशा में स्थिर रहने में उसकी सहायता की, जबकि संक्षेप ने उसे अपने अनुभवों को सहजता से संग्रहीत करने और उन्हें अपने जीवन में उपयोग करने में सहायक होने का अनुभव कराया।

उस लड़के की कहानी से हमें यह अनुभव होता है कि एक अनुकरणीय जीवन कैसे जीया जा सकता है, जिसमें हम संयोजन और संक्षेप का संगम करके अपने लक्ष्यों की प्राप्ति की दिशा में आगे बढ़ सकते हैं। संयोजन से हम अपने विचारों और क्रियाओं को एकत्र करके उन्हें लक्ष्य की प्राप्ति में सहायता कर सकते हैं, जबकि संक्षेप से हम अपने अनुभवों को संक्षेप में सहजता से धाराप्रवाह करके उन्हें सीधे से सीधे अपने जीवन में उपयोग कर सकते हैं।

इस से हमें इस बात का भी पता चलता है कि जीवन में सफलता प्राप्त करने के लिए संयोजन और संक्षेप दोनों ही महत्वपूर्ण हैं। ये हमें हमारे अपने सपनों को सच्चाई में परिवर्तित करने में और जीवन में उच्चतम स्थानों तक पहुँचने में भी सहायता कर सकते हैं। इस प्रेरणादायक उदाहरण से हमें यह सीखने को मिलता है कि संयोजन और संक्षेप से जुड़ा जीवन जीना हमें सच्चे सुख और समृद्धि की सीढ़ियों तक पहुँचा सकता है, जिसे स्वर्ग के मार्ग तक पहुंचना भी माना जा सकता है।

उपसंहार

'स्वर्ग के मार्ग' की यात्रा' आध्यात्मिक उन्नति की दिशा में हमारा मार्गदर्शन प्रदान करती है। यह यात्रा हमें आत्मज्ञान, साधना, सेवा, संयम, निष्काम कर्म और शुद्ध विचारों के माध्यम से अपनी आत्मा के साथ एक सांतत्य का अनुभव कराती है। इसके माध्यम से हम अपने जीवन को एक उद्देश्यपूर्ण, सच्चे सुख से भरपूर और उच्च मानवीय मानसिकता की दिशा में परिवर्तित कर सकते हैं। इसका पालन करके हम स्वर्ग के मार्ग तक अपनी आध्यात्मिक यात्रा को पूर्ण कर सकते हैं।

मानव जीवन का उद्देश्य सफलता और प्रसन्नता की प्राप्ति होती है। इस यात्रा में, हम अपनी कठिनाइयों, संघर्षों और मान्यताओं से लड़ते हैं ताकि हम आत्म-संवाद की दिशा में आगे बढ़ सकें।

वास्तव में स्वर्ग का मार्ग एक विचार है जो हमें आध्यात्मिकता, नैतिकता और उच्चतम मानकों की दिशा में सोच विचार करने के लिए प्रेरित करता है।

यह शब्द न केवल आत्मा की उन्नति के विचार को ही प्रकट करते हैं, बल्कि मनुष्य को यह भी सिखाते हैं कि सफलता के लिए कठिनाइयों का सामना करना आवश्यक होता है। सफलता की सीढ़ी की ओर बढ़ते समय हमें कई प्रकार की चुनौतियों का सामना तो करना पड़ता है, लेकिन इसके लिए हमारी संघर्षशीलता और संघर्ष की भावना ही हमें सदैव जीवन में उच्चतम मानकों की ओर बढ़ने में सहायता करती है।

'स्वर्ग के मार्ग' हमें इस बात का भी स्मरण कराती है कि सफलता की प्राप्ति केवल भौतिक सुखों और सामाजिक मान-सम्मान से ही नहीं होती है, बल्कि इसके लिए हमें आत्मा की उन्नति के लिए भी सतत व निरंतर प्रयास करना चाहिए। यह हमें सफलता की सच्ची परिभाषा सिखाती है और समय-समय पर हमारे लिए सहायक होने वाले आदर्शों की हमें पहचान करने की प्रेरणा भी देती है।

सच्चे उद्देश्य की पहचान आपको वो कार्य और लक्ष्य प्राप्त करने में सहायता करती है जो आपके लिए सबसे अधिक महत्वपूर्ण होता हैं। आपको अपनी प्राथमिकताओं को स्पष्ट रूप से देखने में सहायता मिलती है और व्यक्तिगत और व्यावसायिक जीवन संतुलित रूप से बनाने में सहायता करती है।

इसकी पहचान आपको आपकी आत्मिक और शारीरिक क्षमता को समझने में सहायता करती है। यह आपके जीवन को महत्वपूर्ण और सार्थक बनाती है और अपने लक्ष्यों की प्राप्ति की दिशा में आगे बढ़ने में सहायता करती है। इससे आपके आत्मविश्वास को बढ़ावा और जीवन के उद्देश्य को पूरा करने के लिए प्रेरणा प्राप्त होती है।

इस सन्दर्भ में एक बहुत ही मनोरम कहानी है, "एक दिन, एक आदमी को एक अद्भुत घटना का सामना करना पड़ा। उसे एक स्वर्गीय दूत ने आकर बताया कि उसे स्वर्ग में बुलाया गया है। वह बहुत प्रसन्न हुआ और तत्परता से स्वर्ग की यात्रा के लिए तैयार हो गया।

जब वह स्वर्ग पहुंचा, तो उसे वहां की सुंदरता, और शांति ने आश्चर्यचकित कर दिया। वहां के फूल, नदियाँ, और आकाश की खूबसूरती ने उसके मन को बहुत आकर्षित किया। स्वर्ग में उसे अपार सुख और आनंद

का अनुभव हुआ। वहां देवताओं ने भी उसे बहुत प्यार और मान-सम्मान दिया।

इसी प्रकार धीरे-धीरे समय व्यतीत होने लगा। फिर, उसे एक दिन एक बहुत बुद्धिमान देवता के पास जाने का अवसर प्राप्त हुआ। देवता ने उससे पूछा, "आपको स्वर्ग कैसा लग रहा है?"

आदमी ने उत्तर दिया, "स्वर्ग बहुत ही सुंदर है और यहां का आनंद अद्भुत है। लेकिन इसके साथ ही मुझे यह भी अनुभव हो रहा है कि स्वर्ग का महत्व उसकी सुंदरता से कहीं अधिक है। यहां की शांति, प्रेम, और सद्भावना ने मेरे दिल को छू लिया है। यहां के लोग एक दूसरे के साथ मिलजुल कर रहते हैं और एक दूसरे की सहायता करते हैं। स्वर्ग में जीने का वास्तविक अर्थ है, दूसरों की सेवा करना, प्रेम करना और सद्भावना रखना। यह हमें वास्तविक स्वर्गीय आनंद और सुख प्रदान करता है।

देवता उससे बहुत प्रसन्न हुआ और कहा, "तुमने पूर्णतया सही कहा है। स्वर्ग का महत्व उसके सौंदर्य से कहीं अधिक है। यहां की शांति, प्रेम और सद्भावना ही स्वर्ग को स्वर्ग बनाती है। ऐसा ही, यदि मनुष्य चाहे तो, स्वर्ग धरती पर भी बन सकता है। धरती को भी स्वर्ग तुल्य बनाया जा सकता है। बस, आवश्यकता है तो इस प्रकार की सोच और समझ की। तुमने इस सत्य को समझ लिया है, इसे अब अपने जीवन में अपनाने का प्रयास करो।"

कहने को मात्र यह एक कहानी है, किन्तु इस कहानी से हमें इस बात की समझ मिलती है कि वास्तव में स्वर्ग क्या है। इसका महत्व क्या है ! इस तक कैसे पहुंचा जा सकता है। किस प्रकार अपनी सोच विचार और कार्यप्रणाली से स्वर्ग के मार्ग को प्राप्त किया जा सकता है।

आज मेरे व्याख्यान का अठारहवां दिन है। आज मैं स्वर्ग का मार्ग के सन्दर्भ में अपने व्याख्यान की इतिश्री कर रहा हूँ और इसके साथ ही आप सभी से विदा भी ले रहा हूँ। आज रात के पश्चात प्रातः ब्रह्म मुहूर्त में मैं अपनी स्वर्ग यात्रा पर निकल जाऊंगा। स्वर्ग का मार्ग मेरे समक्ष स्पष्ट दृष्टिगोचर है।

इसके साथ ही मैं आप सभी से भी निवेदन करूंगा कि सभी अपने जीवन में निष्ठा पूर्वक धर्म के मार्ग पर चलते हुए सरल एवं न्यायोचित जीवन यापन करें। सदैव हर कार्य में सभी का भला ही हो एवं आपके किसी भी कार्य से किसी की भी आत्मा को किंचित भी पीड़ा का आभास ना हो। यही जीवन का उद्देश्य भी है और यही जीवन का लक्ष्य भी। आज यह मेरा अंतिम प्रवचन है ! हरिओउम ! तत्सत !

लेखक की अन्य रचनाएँ

1.स्वप्र विश्लेषण (विश्लेषणात्मक)

2.सपनों की दुनिया (विश्लेषणात्मक)

3.सुहाने पल (काव्य संग्रह)

4.सफल जीवन (प्रेरणात्मक)

5.पल भर की छांव(अति रोचक उपन्यास)

6.अदृश्य लोक (विश्लेषणात्मक)

7.जीना इसी का नाम है (प्रेरणात्मक)

8.मैं साधु नहीं (विचारात्मक,आध्यात्मिक)

9.आप स्वयं को बदल सकते है (प्रेरणात्मक)

10.चांदनी (लघु उपन्यास)

11.आओ कुछ देर सोच लें (प्रेरणात्मक)

12.ऐसा होता तो नहीं(अति रोचक उपन्यास)

13.हवाओं का आंचल (सम्पादित, काव्य-संग्रह)1

14.मरने से पहले (प्रेरणात्मक)

15.मेटावर्स(ज्ञानवर्धक)

16.रहस्यमय यात्रा (रोचक एवं रोमांचक उपन्यास)

17.रात अकेली है (अति रोचक उपन्यास)

18.ऐसा मेरे साथ ही क्यों होता है (प्रेरणात्मक)

19.दो कदम दूर थे (अति रोचक उपन्यास)

20.Dynamics of mind (Motivational)

21.Unleashing: Your Inner Greatness(Motivational)

22.Successful Life (Motivational)

23.Metaverse(Enlightening)

23.मनोबल की शक्ति (प्रेरणात्मक)

24.स्वर्ग का मार्ग (प्रेरणात्मक)

25.स्वप्न विज्ञान (विश्लेषणात्मक)

26.आत्मज्ञान और आत्म साक्षात्कार